Lucian Boia Wie Rumänien rumänisch wurde

Thede Kahl/Larisa Schippel (Hg.)
Forum: Rumänien, Band 29

Lucian Boia

Wie Rumänien rumänisch wurde

Aus dem Rumänischen übersetzt von Andreea Pascaru

Frank & Timme
Verlag für wissenschaftliche Literatur

Umschlagabbildung: Das multikulturelle Constanţa um 1910 – türkischer Passant, Soldaten und Kaffeehausgäste auf der Piaţa Ovidiu, im Hintergrund Werbung für das Uhrengeschäft des armenischen Händlers Papazian. Zeitgenössische Postkarte (Arhivele Naţionale Constanţa)

Gedruckt mit freundlicher Unterstützung
von Herrn Felix Vlădău.

Die Herausgabe der Reihe „Forum: Rumänien“ wird durch die Österreichisch-Rumänische Gesellschaft gefördert.

ÖSTERREICHISCH-RUMÄNISCHE GESELLSCHAFT
www.austrom.eu Societatea Austro-Română

Redaktion: Larisa Schippel

Originalausgabe: Lucian Boia: *Cum s-a românizat România* © Humanitas, 2015

Die Publikation erscheint in Kooperation mit dem Schiller Verlag, Hermannstadt/Bonn.
Ausgabe im Schiller Verlag: ISBN 978-3-944529-77-6

ISBN 978-3-7329-0217-0
ISSN 1869-0394

Herstellung durch Frank & Timme GmbH,
Wittelsbacherstraße 27a, 10707 Berlin.
Printed in Germany.
Gedruckt auf säurefreiem, alterungsbeständigem Papier.

www.frank-timme.de

Inhaltsverzeichnis

Vorbemerkungen

Jede Nation macht ihre Erfahrungen mit den „Anderen" – doch nur wenige Völker machen sie auf die Art und so intensiv wie die Rumänen. Der rumänische Raum ist auf Grund seiner Offenheit und der langfristig weitgehend fehlenden Struktur verschiedensten politischen, ethnischen und kulturellen Einflüssen ausgesetzt. Bei der Entstehung Rumäniens durch die Vereinigung der beiden Fürstentümer Moldau und Walachei [rum. *Moldova* bzw. *Țara Românească*] im Jahr 1859 lebte weniger als die Hälfte der Rumänen auf dessen Gesamtfläche. Siebenbürgen und die anderen Gebiete „hinter den Bergen" (Transsilvanien) hatten sich knapp tausend Jahre lang in einem ungarischen, später habsburgischen beziehungsweise österreichisch-ungarischen und damit mitteleuropäischen Raum entwickelt; die Rumänen bildeten dort zwar die Mehrheit, stellten jedoch nur wenig mehr als die Hälfte der Bewohner – neben den stabilen und vor allem dominierenden „Minderheiten" der Ungarn und Deutschen. Da die Dobrudscha jahrhundertlang zum Osmanischen Reich gehört hatte, war sie infolge der Kolonisierung mehrheitlich islamisch geprägt. Die Bukowina war nach ihrer Abspaltung von der Moldau und der Annexion durch Österreich 1775 ebenfalls eine multiethnische Region, die sich Rumänen, Ukrainer, Deutsche und Juden teilten. Und Bessarabien schließlich, durch Russland 1812 von der Moldau abgetrennt und annektiert, erlebte einen Russifizierungsprozess.

Fremde Einflüsse waren indes auch in den beiden Fürstentümern stark. Zwar kam es hier nicht zu Kolonisierungen, und das Osmanische Reich als Herrschaftsmacht hielt sich hier (anders als im Falle der Dobrudscha oder der Balkanländer, die problemlos annektiert worden waren) an das Prinzip, wonach sich Muslime nicht in den rumänischen Fürstentümern ansiedeln durften. Doch nördlich der Donau ließen sich viele christliche Balkanflüchtlinge nieder: Griechen, Bulgaren, Serben, Albaner. Da die einheimischen Rumänen, ob nun Bauern oder Bojaren, weder für Handwerk noch für Handel sonderliches Interesse zeigten, wurden diese Tätigkeiten bereits seit dem Mittelalter den Fremden überlassen. In den Städten Siebenbürgens und der Moldau lebten stets – in wechselnder Zusammensetzung und mit unterschiedlichen Anteilen, je nach Zeitraum – mehrheitlich Ungarn und Deutsche, Armenier und Juden, Griechen und Bulgaren. Auch die Aristokratie erhielt eine gewisse Balkankomponente, eine ausgeprägt griechische. Selbst Michael der Tapfere, das Nationalsymbol der Rumänen schlechthin, war der Sohn einer Griechin! In der Fanariotenzeit (Beginn des 18. Jahrhundert bis 1821) entstand bei den Eliten in sozialer und kultureller Hinsicht eine rumänisch-griechische Symbiose. Die Bojaren und das frühe Bürgertum erlebten einen deutlichen Zuwachs an griechischem Erbgut. Spezifisch für die Moldau ist demgegenüber der Zustrom von Juden im Laufe des 19. Jahrhunderts, die in erster Linie aus Galizien und später aus Russland einwanderten. Sie übernahmen die tragende Rolle im Handwerk, im Handel ist ihr Gewicht sogar noch größer.

Die Folgen waren leicht vorauszusehen: Nachdem es den Rumänen gelungen war, eine Nationalideologie durchzusetzen, gingen sie daran, einen rumänischen Staat zu gründen und sich der Ausländer zu „entledigen". Damit wuchs die Spannung deutlich an: Einerseits brauchte man „die Anderen" noch, sogar mehr als zuvor, für die Modernisierung der Gesellschaft, in Wirtschaft und Kultur; andererseits verursachte das Ausmaß der Präsenz und des Einflusses der Fremden – sei es auch „objektiv" und notwendig – eine gewisse Frustration und Ablehnung. Nach so langer Zeit unter fremder

Herrschaft beziehungsweise unter fremdem Einfluss drängte es die Rumänen, ein Rumänien zu bilden, das nur ihnen allein gehören sollte. Unter diesem Druck entstand ein dauerhafter rumänischer Nationalismus mit seiner ausdrücklich ethnizistischen und religiösen Prägung (als wahrer Rumäne gilt der ethnische und vorzugsweise orthodoxe Rumäne): eine Haltung, die man nicht einfach aus der heutigen Perspektive der „politischen Korrektheit" kritisieren kann. Vom Historiker zumindest kann erwartet werden, dass er geschichtliche Abläufe zu verstehen sucht.

Und so kommen wir zur Formulierung vom „einheitlichen Nationalstaat", die bis heute nichts von ihrer Überzeugungskraft eingebüßt hat. Mit anderen Worten: Es ging um ein rumänisches Rumänien und es geht um **ein** Rumänien, frei von regionalen Unterscheidungen, was separatistische Versuchungen und Instrumentalisierungen von vornherein unterbinden sollte. Die Vereinigung der Fürstentümer gab das Modell für den weiteren Ausbau des gesamten Staates ab. Natürlich waren die Gründungsländer – Moldau und Walachei – wenn schon nicht „rein" rumänisch, so doch „fast rein". Selbstverständlich hatte jedes dieser Länder seine eigene historische Identität – jenseits der gemeinsamen Sprache und zunehmenden Angleichung in allen kulturellen Bereichen. Im Jahre 1859 bezeichneten sich die Moldauer aber lieber als Moldauer statt als Rumänen, genauso wie es die Rumänen in der Republik Moldau auch heute noch tun. Politisch tat man allerdings so, als gäbe es nicht den kleinsten Unterschied zwischen den beiden wirklich ungleichen Hälften des neuen Rumänien. Der einheitliche Staat! Nachteilig für die Moldauer war die massive Verlagerung des Zentrums in Richtung Süden, nach Bukarest. Selbst ihre intellektuelle Überlegenheit gegenüber der Walachei verlor die Moldau, der sie bis 1859 ohnehin schon demografisch und ökonomisch unterlegen war. Wirtschaftlich scheint sie sich bis heute und wahrscheinlich auf lange

Zeit auf dem letzten Platz eingerichtet zu haben. Ein weniger zentralistisches System hätte vielleicht eine ausgewogenere Regionalentwicklung ermöglicht. Die Philosophie vom Einheitsstaat herrscht jedoch bis heute in der politischen Mentalität der Rumänen vor.

1 Das Altreich

Rumänen und Fremde – Der Sonderfall Dobrudscha – Rechte und Diskriminierung – Die ethnische Mischung – Die „nationalistische Schule" und der orthodoxe Widerstand – Siebenbürgen, die Bukowina, Bessarabien

1.1 Rumänen und Fremde

1859 hatte Rumänien (das in den ersten Jahren nach seiner Entstehung offiziell *Vereinigte Fürstentürmer der Moldau und Walachei* hieß) eine Bevölkerung von ca. vier Millionen. Die Volkszählung von 1899 verzeichnete fast sechs Millionen (5.956.690) und die folgende bereits sieben Millionen (7.234.920).[1] Die Volkszählungen unterscheiden zwischen verschiedenen Einwohnerkategorien je nach Staatsangehörigkeit und Religion, nicht aber nach Nationalitäten (sie berücksichtigen auch nicht die Muttersprache). Letztere – meinte der Leiter des Statistischen Amtes L. Colescu bei der Veröffentlichung der Volkszählungsergebnisse im Jahr 1899 – seien nicht relevant. Relevant oder nicht, es bleibt die Frage, warum nicht auch dieses Kriterium herangezogen wurde, wo doch der Fragebogen eine durchaus lange Liste von Fragen enthielt. Man muss schon sehr aufpassen, um nicht zu Fehlinterpretationen zu kommen. Es

1 Diese statistischen Daten zur Bevölkerung Rumäniens zwischen 1899 und 1912 stammen aus den Veröffentlichungen zu den jeweiligen Volkszählungen: COLESCU, Leonida (1905): *Recensământul general al populației României (decembrie 1899)*. București: Institutul Național de Statistică; SCĂRLĂTESCU, I. (1921): *Statistica demografică a Românie* (recensământul din 19 decembrie 1912).

ist bekannt, dass diejenigen, die als Türken erscheinen, meist nicht Türken sind, sondern überwiegend Aromunen, damals noch Untertanen des Osmanischen Reichs. Die Türken der Dobrudscha hingegen werden in der Gesamtstatistik (es gibt ja auch noch eine nur für die Dobrudscha) als Rumänen verzeichnet. Noch ärgerlicher wird das Durcheinander bei den Rumänen Siebenbürgens oder der Bukowina, da sie als Österreicher-Ungarn gelten (selbstverständlich mit Ausnahme derer, die ihre ursprüngliche Staatsangehörigkeit aufgegeben und die rumänische angenommen haben). Man kann die ethnische Zugehörigkeit näherungsweise bestimmen, wenn man die beiden Rubriken der Staatsangehörigkeit und der Konfession vergleicht. Dann sind die orthodoxen Österreicher-Ungarn in ihrer großen Mehrheit Rumänen, ohne unbedingt Rumänen sein zu müssen (es könnten auch Serben oder Ukrainer sein). Die griechisch-katholischen Rumänen in Siebenbürgen, die Unierten, die in ihren Gebieten fast die Hälfte der rumänischen Bevölkerung ausmachten, bleiben in der Statistik völlig unsichtbar. Im Altreich, wo ihre Konfession unerwünscht war (sie galten als Rumänen, die den wahren Glauben aufgegeben hatten), tauchen sie in den Statistiken der Volkszählung gar nicht auf. Es ist anzunehmen, dass sie unter dem allgemeinen Begriff „Katholiken“ erfasst und manche womöglich sogar zu den Orthodoxen gezählt wurden. Daher kann der Historiker unmöglich – oder wenn, dann nur in grober Schätzung – die (gar nicht so geringe) Zahl der Rumänen bestimmen, die aus Siebenbürgen nach Rumänien gegangen sind.

Auf den ersten Blick erscheint also Rumänien als Nationalstaat in der ethnizistischen Variante der Nation, und zwar von ausgeprägter „Reinheit“. Es gibt keine Minderheiten, Nicht-Rumänen werden einfach zu „Fremden“, und zwar in zwei Kategorien: jene, die die Staatsangehörigkeit eines anderen Landes haben, und jene, die gar keine haben. Und mit diesem Klassifizierungssystem wurde der Anteil der Rumänen 1860 mit 95,2% der Gesamtbevölkerung angegeben, 1899 als Folge einer starken Einwanderung mit dem etwas geringeren Anteil von 92,15% und im Jahr 1912 mit 93,17%.

Bei näherem Hinsehen verliert dieses Bild seine scheinbare Gleichförmigkeit. Zunächst einmal: Minderheiten existierten, auch wenn sie nicht zur Kenntnis genommen wurden. Besonders in der Dobrudscha, doch das ist ein spezieller Fall, der noch gesondert zu behandeln sein wird. Und fast überall gibt es Zigeuner, also Roma entsprechend der heute empfohlenen Terminologie. Gegen Ende des 19. Jahrhunderts wird ihre Zahl auf etwa 250.000 bis 300.000 geschätzt, was vier bis fünf Prozent der Gesamtbevölkerung des Landes ausmacht (ACHIM 1998: 104) und damit nicht wenig ist, wenn man diesen Prozentsatz von der Gesamtzahl der Rumänen von 92% oder 93% abzieht. Dann gibt es noch die aus Siebenbürgen stammenden Tschangos in der Moldau mit ihrem ungarischen Dialekt und ihrem katholischen Glauben; die 65.000 Katholiken in der Moldau (1899) gehörten mehrheitlich zu dieser ethnisch-religiösen Gruppe und machten damit etwas mehr als ein Prozent der Gesamtbevölkerung aus. Dann sind da noch in der Nähe der Donauniederung Bulgaren und Serben (sogar bei Bukarest gab es einige bulgarische Dörfer). Insbesondere in den Städten, wo sich viele Zuwanderer assimilierten, andere auch rumänische Staatsbürger wurden, bewahrten sich die Minderheiten eine gewisse ethnische und religiöse Identität. Von den 70.000 im Jahr 1899 als katholische Rumänen Registrierten waren nicht alle Tschangos; einige Tausend wenigstens waren anderer Herkunft. Ebenso zählten zu den Rumänen etwa 4.500 Protestanten und 3.500 Armenier, 4.272 waren sogar mosaischen Glaubens – die kleine Gruppe der naturalisierten Juden. Die Orthodoxen vom Balkan, die bereits Rumänen geworden waren, waren aber mit Sicherheit mehr. Zählt man auch die Minderheiten der Dobrudscha hinzu (und zählt man die beinahe vergessenen österreichisch-ungarischen Rumänen mit), verringert sich die Zahl der ethnischen Rumänen auf etwa 85% der gesamten Landesbevölkerung.

Der Volkszählung von 1899 zufolge lebten in Rumänien neben den Rumänen auch ziemlich viele „Fremde“, die in die bereits genannten Kategorien unterteilt wurden: „Fremde Untertanen“ oder „Schutzlose“. Ihre Zahl betrug 3,17% bzw. 4,68% im Verhältnis zu 92,15% Rumänen; bei der Volkszählung von 1912 finden wir 2,89% „Fremde Untertanen“ und 3,63% „Schutzlose“ im Verhältnis zu 93,47% Rumänen. Bei den Fremden „mit Schutz“ bilden die Österreicher-Ungarn die Mehrheit: 1899 sind es 1,82% (108.285 in absoluten Zahlen); 1912 – hier jetzt unterteilt nach den beiden Reichsteilen der Nachbarmonarchie – 0,96% Ungarn (69.221) und 0,63% Österreicher (45.286); ich habe bereits gesagt, dass mit „Österreicher-Ungarn“, „Österreicher“ oder „Ungarn“ jede andere Nationalität aus der Doppelmonarchie, einschließlich der rumänischen, gemeint sein konnte. Auch so bleibt die Zahl der ethnischen Magyaren, die nach Rumänien eingewandert waren, hoch. Deutsche (deutsche Staatsbürger) waren es 1899 7.733 (7.685 im Jahre 1912), und dennoch ist die deutsche Komponente viel wichtiger, wenn man die aus Deutschland stammenden Deutschen und die mehrheitlich deutschsprachigen Österreicher-Ungarn zusammennimmt.

Die Fremden „ohne Schutz“ waren mehrheitlich Juden: 1912 sind das 85,7% aller Männer und 88,4% der Frauen; den Rest bilden Fremde aller Art, die ihre ursprüngliche Staatsangehörigkeit verloren hatten, darunter ein beachtlicher Anteil von Rumänen (im Jahr 1912 8,4% aller Männer und 6,4% der Frauen, die meisten aus Siebenbürgen und dem Banat).

Was die Juden anbelangt, stieg ihre Zahl insbesondere in der Moldau im Laufe des 19. Jahrhunderts stetig. Im Jahr 1859 zählte man in der Moldau 118.922 Juden, in Muntenien betrug ihre Zahl nur 8.499, in Oltenien 735. 1899 erreicht die Zahl der Juden in der Moldau 196.752, während sie in Muntenien ebenfalls deutlich auf 60.760 gestiegen war; dennoch blieb der Unterschied zwischen den beiden Landesteilen beträchtlich. Nach 1900 verließ ein Teil der Juden Rumänien, so dass ihre Zahl im Jahr 1912 in der Moldau auf 167.590 gefallen war (COLESCU 1915). Das Bild von einem Rumänien mit wenigen „Nicht-Rumänen" passt jedoch sehr viel besser zu Muntenien und Oltenien als zur Moldau. Die Angaben zur Religionszugehörigkeit im Jahre 1899 sprechen für sich: In Muntenien sind 95,4% orthodoxen, 2,3% mosaischen und 1,6% katholischen Glaubens. Die Moldau hingegen zählt 84,2% Angehörige der orthodoxen, 10,6% der mosaischen und 4,8% der katholischen Religion (Tschangos und sogar einige Rumänen).

Die größte Diskrepanz liegt aber zwischen dem ländlichen und dem städtischen Rumänien. Der ländliche Raum zeigt ein relativ hohes Maß an ethnischer Homogenität; insbesondere das Land kam dem Ideal der vollen „Reinheit" sehr nahe; der städtische Raum hingegen ist außerordentlich kosmopolitisch. Da aber der städtische Anteil insgesamt noch sehr niedrig ist (1912 nur 18% der Gesamtbevölkerung), beeinflusst die andere demografische Struktur der Städte die Gesamtstatistik nicht. Somit bilden Stadt und Land zwei recht unterschiedliche Rumänien, die nicht nur in sozialer und kultureller, sondern auch in ethnischer Hinsicht sehr stark differieren. Die Daten der Volkszählung von 1899 sind diesbezüglich am vollständigsten: Während im ganzen Land 92,15% der Bevölkerung Rumänen sind, machen sie in den Städten nur 68,59% der Einwohner aus; ausländische Bürger bilden einen Anteil von 12,15%, und Personen ohne Staatsangehörigkeit machen 19,26% der Stadtbevölkerung aus. Moldauische Städte hatten mit 54,55% den geringsten Anteil rumänischer Bevölkerung, dabei aber einen hohen Ausländeranteil von 39,38%, dessen Mehrheit keine Staatsangehörigkeit (Juden) besaß. Von den wichtigsten Städten ist Iași die am wenigsten rumänische: 1899 sind nur 43,93% ihrer Einwohner Rumänen. Die Juden bilden mit 50,78% die absolute Mehrheit; in den Folgejahren verringert sich ihr Anteil, so dass sie 1912 nur noch 42,33% ausmachten. Andere Städte, deren jüdischer Bevölkerungsanteil im Jahr 1912 die 50%-Marke überstieg, waren Fălticeni, Dorohoi und Botoșani. Brăila war mit einem rumänischen Bevölkerungsanteil von 58,93% (1899) die am wenigsten rumänische Stadt in Muntenien; hier stellten die Griechen 8,75% und die Staatenlosen (mehrheitlich Juden) 19,26% der Bevölkerung.

Doch werfen wir einen Blick auf die Hauptstadt. Im Jahr 1899 stellten die Rumänen in Bukarest bei einer Gesamtzahl von 276.178 Einwohnern nur 65,54% (181.009); 1912 steigt die Einwohnerzahl auf 341.321, davon sind 240.314 Rumänen, 56.912 Ausländer und 44.084 Staatenlose; die Rumänen hatten also die Schwelle von 70% erreicht. Nach Staatsangehörigkeit geordnet erscheinen für das Jahr 1899 37.884 Österreicher-Ungarn[2], 3.845 Deutsche, 2.013 Italiener, 1.667 Griechen, 912 Bulgaren, 869 Franzosen; nach ihrer Religionszugehörigkeit waren 198.802 orthodoxer, 40.533 mosaischer, 25.692 katholischer und 10.280 protestantischer Konfession. Um die (nicht veröffentlichte) Zahl der ethnischen Zugehörigkeiten zu erschließen, lassen sich auch hier die Rubriken Staatsangehörigkeit und Konfession zusammen betrachten. Unter „Rumänen“ findet man neben einer überwältigenden Mehrheit von Orthodoxen auch 128 Mosaische, 1.030 Katholiken, 352 Protestanten und 211 Armenier. Bei den Österreichern-Ungarn ist es interessanter: 10.966 sind Orthodoxe, 927 Mosaische, 18.541 Katholiken und 7.346 Protestanten. Neben einer veritablen Mehrheit an Ungarn und Österreichern, also Katholiken und Protestanten, war die Mehrheit der Orthodo-

2 Zu den Ungarn in der rumänischen Hauptstadt s. HENCZ (2013).

xen mit Sicherheit Rumänen (und eventuell auch einige der Katholiken, falls die Unierten in dieser Kategorie berücksichtigt wurden). Letztendlich lag die Zahl der ethnischen Rumänen wohl ein paar Prozente höher als die der Einwohner mit eingetragener rumänischer Staatsangehörigkeit.

Nach einigen Jahrzehnten intensiver Modernisierung des Landes und insbesondere seiner Städte wurde um 1900 der Höhepunkt des nicht-rumänischen Bevölkerungsanteils erreicht. Der Bedarf an Facharbeitern schoss in jener Zeit in den unterschiedlichsten Bereichen in die Höhe, so dass viele Ausländer in Rumänien eine sinnvolle Aufgabe fanden. Die Mehrheit der Ärzte waren gegen Ende des 19. Jahrhunderts Ausländer (TRĂUȘAN-MATU 2011: 97–100); der bekannteste unter ihnen war Carol Davila, er baute das rumänische Gesundheitswesen auf. Das 19. Jahrhundert zählte etwa 125 in Bukarest tätige Architekten; rund 75 von ihnen waren Ausländer verschiedener Herkunft (MUCENIC 1997); die typischen Bauten von „Klein-Paris" stammten von französischen Architekten wie Paul Gottereau oder Albert Galeron, der für das rumänische Athenäum verantwortlich zeichnete, das Symbol der Hauptstadt. Bis 1900 gelang es dann den Rumänen, auch in Berufen, in denen sie bisher kaum vertreten waren, die Überhand zu gewinnen. Ausländer waren aber weiterhin zahlreich und in manchen Bereichen war ihr Ansehen höher als das der Einheimischen.

Das Statistische Jahrbuch der Stadt Bukarest listet ihre Bewohner im Jahr 1899 Straße für Straße nach Beruf und Staatsangehörigkeit detailliert auf. Es gab 368 Ärzte (nur fünf Frauen!) – davon 277 Rumänen, 70 Juden (fast ein Fünftel); 631 Ingenieure (und Architekten) – davon 472 Rumänen, 27 Franzosen, 24 Italiener, 113 Österreicher-Ungarn, 39 Deutsche, 42 Juden; 40 Zahnärzte – davon nur 10 Rumänen, 12 Österreicher-Ungarn, 11 Juden; 1.244 Lehrer – 858 Rumänen, 56 Franzosen, 141 Österreicher-Ungarn, 67 Deutsche, 78 Juden; 551 Maler, Künstler, Bildhauer – davon 246 Rumänen, 50 Italiener, 129 Österreicher-Ungarn, 28 Deutsche, 56 Juden; 4.307 (private) Angestellte (bei verschiedenen Banken, Handelsgesellschaften) – 1.678 Rumänen, 1.696 Juden, 517 Österreicher-Ungarn, 132 Deutsche; 2.681 Mechaniker und Schmiede – 1.480 Rumänen, 877 Österreicher-Ungarn, 93 Deutsche, 163 Juden; 775 Schlosser – 440 Rumänen, 280 Österreicher-Ungarn, 20 Deutsche, 28 Juden; 196 Dreher – 90 Rumänen, 41 Juden, 53 Österreicher-Ungarn; 1.573 Maurer – 919 Rumänen, 287 Italiener, 203 Österreicher-Ungarn, 31 Deutsche; 3.206 Schuster und Schuhmacher – 1.932 Rumänen, 837 Österreicher-Ungarn, 289 Juden; 2.650 Schneider – 1.353 Rumänen, 533 Österreicher-Ungarn, 1.664 Juden, 30 Deutsche; 4.690 Kaufleute – 2.313 Rumänen, 1.553 Juden, 289 Österreicher-Ungarn, 94 Griechen, 51 Deutsche; 1007 Köche – 407 Rumänen, 559 Österreicher-Ungarn. Die Dienerschaft bildete die größte Gruppe und weist neben den Zahnärzten, Köchen und Kaufleuten den niedrigsten rumänischen Anteil aus: Insgesamt waren das 23.927 Personen (zugleich ist sie mit 11.314 Männern und 12.613 Frauen die Gruppe mit dem höchsten Frauenanteil), davon 9.993 Rumänen, 12.474 Österreicher-Ungarn (davon 8.039 Frauen), 130 Deutsche und 454 Juden. Die Symbolfigur dieser Gruppe ist das ungarische Dienstmädchen (eventuell auch eine Rumänin aus Siebenbürgen).

In vielen Bereichen stellen die Ausländer einen deutlich höheren Anteil als an der Gesamtbevölkerung. Zur Bukarester Bevölkerung gehörten auch 0,7% Italiener; sie repräsentieren aber 18,5% der Maurer (generell arbeiteten die nach Rumänien eingewanderten Italiener als Steinmetze, Maurer und Straßenbauer). Die jüdischen Einwohner Bukarests, 14,5% der Bevölkerung, stellten 19% der Ärzte und 25% der Zahnärzte, 63% der Schneider und 33% der Händler. Die Deutschen waren fast überall vertreten: Ihr Anteil von

6,2% der Ingenieure, 5,4% der Lehrer und 3,5% der Mechaniker lag weit über ihrem Anteil an der Gesamtbevölkerung von 1,4%. Die Österreicher-Ungarn waren ebenfalls überall vertreten und bildeten die ethnisch und kulturell heterogenste Gruppe.

Im Jahr 1900 lag Rumänien hinsichtlich seines Ausländeranteils von 79 Personen je 1.000 Einwohner an zweiter Stelle in Europa. Den ersten Platz nahm die Schweiz mit 115,6 Personen je 1.000 Einwohner ein. Andere Länder folgten Rumänien erst mit großem Abstand: Dänemark mit 32,7, Belgien mit 31, Frankreich mit 27,3, Österreich mit 20,2, Deutschland mit 13,8, Bulgarien mit 13,3, Ungarn mit 12,8 und Serbien mit 9,7 Personen je 1.000 Einwohner. Dies bezeugt die große Anziehungskraft Rumäniens zu jener Zeit.

Wie stand es also um Rumänien? Rumänien ist ein Nationalstaat, dessen Dörfer nahezu vollkommen rumänisch, dessen Städte (in denen sich die rumänische Modernität naturgemäß herausbildete) aber stets multiethnisch und multikulturell sind. Diese Abweichung vom „Ideal“ versucht man mit Hilfe der Gesetzgebung und der Statistik zu verbergen oder wenigstens zu mildern, indem die „Anderen“ anders kategorisiert werden als die Rumänen; sie werden so zu einer Art „Untermieter“, das Land ist nicht das ihre.

1.2 Der Sonderfall Dobrudscha

Ganz anders liegt der Fall der Dobrudscha.[3] Diese Provinz haben die Rumänen nicht freudig entgegengenommen, umso weniger als dieser Erwerb im Jahr 1878 mit dem Verlust Bessarabiens, das er-

3 Zur Dobrudscha s. das große Werk von Marin D. IONESCU (1904): *Dobrogea în pragul veacului al XX-lea*. Bucureşti: Ed. Socecu. Eine neuere Arbeit ist von Enache TUŞA (2011): *Imaginar politic şi identităţi colective in Dobrogea*. Bucureşti: Editura Institutului de Ştiinţe Politice şi Relaţii Internaţionale.

neut von Russland annektiert wurde, zusammenfiel. Die Dobrudscha stellte ein Randterritorium im osmanischen Raum dar, völlig vernachlässigt und wenig bevölkert – fast eine „Halbwüste". Dimitrie A. Sturdza zeichnet in einer zeitgenössischen Broschüre ein absolut nachteiliges Bild, das nicht nur er so sah: „Ein Land voll Pfützen, ungesund und voller Fieber, das ungesündeste Land in ganz Europa", außerdem „eines der ärmsten Länder Europas". Zudem störe dieser ungeliebte Landstrich die ethnische Zusammensetzung des Altreiches.

Ein homogenes Rumänien! Das ist die Kraft unseres Landes; im Inneren des Landes gibt es keine heterogenen Elemente zu bekämpfen. Wir sind alle Rumänen, und die bei uns lebenden Fremden sind bloß eine kleine Minderheit. Bei uns gibt es keinen Kampf der Nationalitäten (STURDZA 1878: 17; 22–23).[4]

Die Bevölkerungszahl vor 1878 ist schwer zu bestimmen; die Schätzungen sind widersprüchlich: Wahrscheinlich beträgt sie um die 150.000 Einwohner, höchstens 225.000, was im Verhältnis zu einer Fläche von 15.000 km² eine Bevölkerungsdichte von 10 bis maximal 15 Einwohner pro km² bedeuten würde (verglichen mit ca. 40 Einwohnern pro km² der damaligen Bevölkerungsdichte in Rumänien, die schon nicht besonders hoch war). Constanţa, der künftige große europäische Hafen, war damals mit seinen paar tausend Seelen ein bedeutungsloses Städtchen. In die Argumentationskette der Widrigkeiten gehört auch die ethnische und religiöse Struktur der Bevölkerung, die so völlig anders war als sonst in Rumänien. Und so sah sich Rumänien, das doch als Land der Rumänen gedacht war, plötzlich mit einer Provinz gesegnet, die nur in sehr geringem

4 Alle Zitate, so nicht anders vermerkt, sind Übersetzungen von A. Pascaru.

Maße rumänisch war. Auch wenn die Zahlen, wie erwähnt, sehr ungenau sind, ist davon auszugehen, dass 1878 die Muslime – Türken und Tataren – in der Dobrudscha die Mehrheit bildeten. Nach heutiger Logik hätte die Dobrudscha zusammen mit ihrem südlichen Teil, der an Bulgarien abgetreten wurde, einen eigenen Staat mit islamischem Profil bilden können (wie dies jüngst in Bosnien und im Kosovo geschah). Tatsächlich verließen damals viele Muslime die Provinz, während gleichzeitig eine rumänische Kolonisierung einsetzte (in beachtlicher Zahl kamen „Mokanen", ein Hirtenvolk aus dem südlichen Siebenbürgen), sodass sich die ethnische Zusammensetzung ziemlich schnell zugunsten der Rumänen verschob, das Gesamtprofil aber stark multiethnisch blieb). Man kann sagen, dass es der am deutlichsten ethnisch gemischte Raum in Europa war. Die *Rumänische Enzyklopädie* nannte um 1900 über zwanzig Nationalitäten, und zwar: Rumänen, Türken, Tataren, Bulgaren, Russen, Lipowaner, Griechen, Deutsche, Juden, Gagausen, Armenier, Italiener, Zigeuner und – in geringerer Zahl – Ungarn, Franzosen, Montenegriner, Albaner, Österreicher, Serben, Slowaken, Engländer, Polen, Araber (*Enciclopedia română*, Bd. 2, 1900: 188). Die Bevölkerung war bis zum Jahr 1899 auf 267.808 Einwohner angewachsen; die Rumänen, ursprünglich in der Minderheit, waren nun die zahlenmäßig größte Gruppe und machten fast die Hälfte (ca. 120.000) der Einwohner aus. Im Jahr 1912 erreichte die Region 380.430 Einwohner, unter denen die Rumänen mit 216.440 schon die absolute Mehrheit bildeten (56,9%). Es folgten die Bulgaren mit 50.512 (13,3%), die Russen mit 36.331 (9,5%), die Tataren mit 21.383 (5.6%), die Türken mit 20.865 (5,5%), die Griechen mit 9.982 (2,6%), die (Mitte des 19. Jahrhunderts aus Russland meist als Landwirte eingewanderten) Deutschen mit 7.668 (2%). Trotz der rumänischen Mehrheit war die ethnische Zusammensetzung weiterhin ein Mosaik. 1899 waren von 1.000 Einwohnern in Constanța

632,8 Rumänen, 195,9 Türken, 60,3 Griechen, 35,5 Österreicher-Ungarn und 23,8 Italiener. Die kosmopolitischste Stadt der Dobrudscha und damit auch Gesamtrumäniens stellte Sulina dar (siehe Europolis von Jean Bart): Nur 296 pro 1.000 Einwohner waren Rumänen; neben 376,4 Griechen, 173 Türken, 71,1 Österreicher-Ungarn, gefolgt von Russen, Italienern, Engländern, Deutschen und Franzosen ...

Mit dem im März 1880 erlassenen Gesetz zur Neuordnung der Dobrudscha erhielten alle Einwohner der Provinz, die am 11. April 1877 osmanische Bürger waren, automatisch die rumänische Staatsbürgerschaft.[5] Diese Lösung war unvermeidlich, vertrug sich aber gar nicht mit der ethnizistischen Philosophie des rumänischen Staates. Die Türken und Bulgaren der Dobrudscha wurden Rumänen, während viele ethnische Rumänen aus Österreich-Ungarn keine rumänische Staatsbürgerschaft hatten. Die Lösung bestand in der Einrichtung eines provisorischen Status, der – wie viele Provisorien – ziemlich lange hielt. Die Einwohner der Dobrudscha besaßen theoretisch die rumänische Staatsbürgerschaft, aber nach dem erwähnten Gesetz fehlten ihnen die wichtigsten staatsbürgerlichen Rechte: Sie durften keine Abgeordneten und Senatoren in die gesetzgebenden Körperschaften Rumäniens entsenden und durften (wie Ausländer) keinen Grundbesitz im „eigentlichen" Rumänien erwerben. Das alles mit Blick auf den Zeitpunkt, an dem die Provinz so rumänisiert sein würde, dass sie zum Rest des Landes passte. Erst 1909 beendete ein neues (1910 und 1912 erweitertes) Gesetz den diskriminierenden Status; 1912 beteiligten sich die Einwohner der Dobrudscha zum ersten Mal an allgemeinen Wahlen.

Die Annexion des mit 7.700 km^2 etwa die Hälfte rumänischen Dobrudscha ausmachenden Quadrilaters (Süddobrudscha) brachte

5 „Lege pentru organizarea Dobrogei", *Monitorul Oficial*, 7./19. März 1880.

eine weitere Belastung. Dieses von Rumänien beanspruchte Territorium wurde infolge des zweiten Balkankrieges mit dem Frieden von Bukarest von Bulgarien an Rumänien abgetreten. Ethnische Ansprüche konnten dafür nicht der Auslöser sein: Die Süddobrudscha war von allen Regionen, die direkt an Rumänien grenzten, die am wenigsten rumänisch besiedelte. Nach der ersten rumänischen Volkszählung, die der Annexion folgte, gehörten die 259.957 Einwohner hauptsächlich zu folgenden ethnischen Gruppen: 116.324 Bulgaren, 105.765 Türken, 11.734 Tataren und nur 6.259 (2,4%) Rumänen (DABIJA ^{2}1913: 198). Durch die Einverleibung der Süddobrudscha stieg die Einwohnerzahl der Dobrudscha von 380.000 auf 640.000, womit aber auch eine Schwächung des rumänischen Elements einherging. Während der Rumänisierungsprozess in der „alten" Dobrudscha bereits stark vorangeschritten war, musste er in der „neuen" Dobrudscha, wie man das Quadrilater auch nannte, fast von Grund auf neu begonnen werden (und das sogar unter ungünstigeren Bedingungen, da hier eine rumänische Gemeinschaft fast völlig fehlte und der Anteil der Nicht-Rumänen viel höher war als in jenem Teil der Dobrudscha, den Rumänien 1878 erhalten hatte). In diesem Sinne trug das entscheidend zur bewussten Wahrnehmung eines „Rumäniens der Minderheiten" (im Widerspruch zur bisherigen Philosophie der ethnischen Homogenität) bei, was die Tore zum Projekt Großrumänien öffnete.

1.3 Rechte und Diskriminierungen

Fremde waren willkommen ... unter der Bedingung ihrer Zurückhaltung. Zwei „Filter" sollten die Rumänen vor einer möglichen „Invasion" schützen: Die Erlangung der Staatsbürgerschaft wurde ihnen schwergemacht, „Nicht-Rumänen" durften keine Immobilien auf dem Land (und damit dem wichtigsten Ort der „Rumänität") erwerben.

Man wurde nicht so einfach rumänischer Staatsbürger. Nach den Verfassungsbestimmungen von 1866, die mit den Stimmen der Abgeordnetenkammer und des Senats beschlossen worden waren, erfolgte der Erwerb der Staatsbürgerschaft auf individuellem Wege und per Gesetz. 1879 wurde der Verfassungsartikel um die Details der Prozedur ergänzt.[6] Ein Fremder musste einen Antrag auf Einbürgerung stellen, der die Gründe für sein Anliegen (inklusive Berufsangabe und Kapitalvermögen usw.) darlegen sollte. Ihm wurde auferlegt, sich zehn Jahre im Land aufzuhalten und zu beweisen, „dass er ihm durch sein Tun dienlich sei". Von dieser Wartezeit waren diejenigen befreit, die sich in der „Industrie, durch nützliche Erfindungen oder besondere Begabungen" hervortraten beziehungsweise in „Handels- und Industrieeinrichtungen" einbrachten. Das galt auch für in Rumänien geborene Kinder von Eltern, die sich in Rumänien niedergelassen hatten, wenn weder Eltern noch Kinder unter dem Schutz eines anderen Staates standen. Ethnischen Rumänen, die Untertanen anderer Staaten waren, wurde die Wartezeit erspart, wenn sie auf den „fremden Schutz" verzichteten. Natürlich wollten viele Ausländer ihre Staatsbürgerschaft (die österreichisch-ungarische zum Beispiel) nicht zugunsten der rumänischen aufgeben. Wie erwähnt gab es auch Rumänen in Siebenbürgen oder in der Bukowina, die „Österreicher-Ungarn" oder „ohne Schutz" blieben. Andere hätten sich die Einbürgerung gewünscht, wurden aber von den schwierigen Prozeduren und den geringen Erfolgsaussichten entmutigt. Das betraf insbesondere die Juden, die meistens ohne Staatsbürgerschaft waren. Ihre massenhafte „Verwurzelung" strebte der rumänische Staat nicht an. Wenn aber behauptet

6 *Constituția României*, mit Ergänzungen zum Artikel 7 aus dem Jahr 1879.

wird, Rumänien sei das letzte Land gewesen sei, das (nach dem Ersten Weltkrieg) eine Emanzipation der Juden ermöglicht habe, so entsteht der falsche Eindruck, dass davon nur die Juden betroffen gewesen seien. In Wirklichkeit war die Gruppe derer, die nach 1918 die Staatsbürgerschaft erhielten, größer und umfasste alle in Rumänien geborenen Einwohner, die nicht Bürger anderer Staaten waren (was tatsächlich meist Juden waren).

Da Städte von Natur aus stets kosmopolitisch sind, mussten die Ausländer umso mehr von den Dörfern ferngehalten werden. Von Kolonisierung konnte also keine Rede sein. Das einzige Projekt dieser Art war 1860 misslungen, als sich Großgrundbesitzer zusammengetan hatten – darunter auch der einflussreiche konservative Politiker und spätere Premierminister Barbu Catargiu –, um 2.500 Familien aus Deutschland anzusiedeln, denen man fünfundzwanzig Pogon (ca. 12 Hektar) verkaufen wollte, auf denen sie Modellwirtschaften errichten sollten. Der Fall wurde damals im Bukarester Abgeordnetenhaus heiß diskutiert, insbesondere aufgrund unterschiedlicher Auslegungen eines noch geltenden Artikels des *Organischen Reglements*, das regelte, was Ausländer erwerben dürfen und was nicht. Die Kolonisierungsgegner waren erfolgreich (*Anale economice*, 1861, 25–33; MARȚIAN 1860). „Die Kolonisierung ist rechtswidrig", besagte ein Gesetz von 1864 (*Monitorul Oficial*, 20. August/1. September 1864). Und schließlich regelte die Verfassung von 1866, dass auf dem Gebiet Rumäniens „keine Kolonisierungen von Bevölkerungen fremder Abstammung stattfinden dürfen". (Die einzige Ausnahme stellte die Dobrudscha mit ihrem Sonderstatus dar; hier siedelten sich nach generellen Kolonisierungsvorschriften auch nach 1878 deutsche Kolonisten an, die den früheren Siedlern von 1840, aus osmanischer Zeit, folgten.)

Was das Recht der Fremden auf Erwerb von Immobilien anging, so wurde es durch ein Gesetz geregelt, das Fürst Alexandru Ioan

Cuza 1864 einbrachte: Es setzte der Differenzierung zwischen städtischem und ländlichem Raum ein Ende, indem es den Fremden die Möglichkeit gab, jegliches Eigentum (also auch Grundstücke) zu kaufen, vorausgesetzt, dass Rumänen in den jeweiligen Ländern von ebensolchen Rechten Gebrauch machen konnten (*Monitorul Oficial*, 20. August/1. September 1864). Je nach Herkunft des Einzelnen kam es dennoch zu einer Diskriminierung, da das Gesetz nur für Christen galt und Juden ausschloss. Wenig später machte die Verfassung von 1866 jedoch einen Schritt rückwärts, indem sie nur Rumänen und der eingebürgerten Bevölkerung den Besitz ländlicher Immobilien gestattete (eine Bestimmung, die auch Bestandteil der Verfassung von 1923 wurde). Die Verfassung (Artikel 7) sah ebenso vor, dass „nur Fremde christlichen Ritus' die ‚Einbürgerung' erlangen können", wodurch die Juden von der Staatsbürgerschaft ausgeschlossen waren. Der Artikel wurde im Jahr 1879 in Folge europäischen Drucks verändert: Gemäß der neuen Fassung „stellen die Unterschiede zwischen den Glaubensrichtungen und Konfessionen in Rumänien kein Hindernis bei der Erlangung und Inanspruchnahme von zivilen und politischen Rechten dar". (Neben den Juden war nun auch von den Muslimen die Rede, die in Folge der Annexion der Dobrudscha rumänische Untertanen geworden waren. Da aber nach den Verfassungsänderungen die wenigsten Juden die Staatsbürgerschaft erhielten, blieben sie stark im städtischen Milieu verankert, ohne Zugang zu Landbesitz zu bekommen. Auf dem Dorf trifft man sie in wesentlich geringerer Zahl als Pächter, Händler, Schankwirte.)

1.4 Die ethnische Zusammensetzung

Nicht einmal alle Rumänen waren ihrer Abstammung nach besonders rumänisch. Die Aristokratie war sehr gemischt, auch die Stadtbevölkerung in großen Teilen. Über Generationen hinweg hatte sich ein Assimilierungsprozess vollzogen. Besonders leicht wurden die Einwohner des Balkans dank ihrer kulturellen Nähe und ihrer orthodoxen religiösen Identität zu Rumänen. Viele der „großen Familien" in Rumänien sind griechischer Abstammung, etwa Namen wie Cantacuzino oder Rosetti, andere wie Ghica haben albanische Wurzeln. Typische Ehen wurden zwischen Griechen und Rumänen geschlossen, was in der Fanariotenzeit und auch noch danach zu einer Elite doppelter, nämlich rumänischer und griechischer Provenienz und Kultur führte. Mit der Gründung Rumäniens wurden alle zu Rumänen, und sie wurden fortan auch als solche wahrgenommen, selbst wenn ihnen manchmal im Zuge irgendeiner Polemik die „unreine" Herkunft vorgeworfen wurde: Für Eminescu waren alle gegnerischen Liberalen nur ein Haufen „Bulgaren mit breitem Nacken" und „Griechen mit schmaler Nase". Abgesehen von der beleidigenden Note hatte er ja durchaus Recht, nur bei den Konservativen sah es ziemlich ähnlich aus, und die verschonte der Dichter. Im Grunde waren sie alle assimilierte Rumänen, unabhängig vom Anteil „fremden Blutes".

Unter diesem Aspekt ist die Herkunft vieler Persönlichkeiten, die die rumänische Kultur prägten, bemerkenswert: I. L. Caragiale, neben Eminescu einer der bedeutendsten rumänischen Schriftsteller, war seiner Herkunft nach ein waschechter Grieche mit albanischem Einschlag; bei ihm findet sich kein Tropfen „rumänischen Blutes". Über Vasile Alecsandri verbreitete sich die – wenig glaubhafte – Hypothese jüdischer Abstammung; die griechische aber wurde vollständig dokumentiert, sowohl mütterlicher- als auch teilweise väterlicherseits. Der erste moderne Historiker der Rumänen, Alexandru D. Xenopol, ist Sohn eines – womöglich jüdischen – Einwanderers und einer Griechin. Und Nicolae Iorga, der als namhaftester rumänischer Historiker gilt, stammte väterlicherseits von einem im 18. Jahrhundert in die Moldau zugewanderten Griechen ab und hatte auch mütterlicherseits einen griechischen Großvater. Ion Mincu, Begründer des neorumänischen Stils in der Architektur, ist beiden Elternteilen nach ein Serbe (oder ein Makedonier).[7] Der brilliante Ingenieur Anghel Saligny, Architekt der Brücke von Cernavodă, stammte väterlicherseits von einer französischen, in Deutschland ansässigen Hugenottenfamilie und einer polnischen Mutter ab. Und das ist nur eine Auswahl! Man hat versucht, auch Eminescu die unterschiedlichsten und exotischsten Abstammungen zuzuschreiben (zur Empörung des Dichters, der ja solche „Beschuldigungen" Anderen gegenüber gern benutzt hatte), allerdings vergeblich. Es bleibt allerdings der auffällige Name, ursprünglich Eminovici – ein Name, der nicht gerade von rumänischer Machart zeugt.

Alle erwähnten Personen sind zweifellos ganz und gar Rumänen, da die ethnische oder die nationale Identität nicht von der Biologie, sondern von der Kultur bestimmt wird. In ihrem geistigen Fundus werden sie aber wohl etwas aus dem Erbe ihrer Ahnen bewahrt haben. Wir bewegen uns in einem Medium der Diversität, und zwar nicht nur zwischen Rumänen und „Fremden", sondern auch zwischen Rumänen und Rumänen, da auch sie aus unterschiedlichen Quellen und Kombinationen stammen.

7 Zu dem weniger bekannten Fall Ion Mincus s. RĂDULESCU 2002: 209 und RĂDULESCU 2005: 11–32. Eine detaillierte Beschreibung der Abstammung Caragiales gibt Şerban CIOCULESCU in *Viaţa lui I.L. Caragiale*, Bucureşti, 1940 (und in späteren Auflagen). Zur Familie von N. Iorga s. THEODORESCU (1947).

Hinzu kommt, dass die rumänischen Eliten sich mit Leichtigkeit ausländische Vorbilder zu eigen machten. Bis zum Beginn des 19. Jahrhunderts hatten sie vorbehaltlos die griechische Kultur angenommen, und genauso schnell und radikal orientierten sie sich später auf den Westen. Das Französische wurde zur Salonsprache und das Rumänische sog französische Einflüsse in sich auf; und Bukarest, zuvor eine Stadt mit ländlich-orientalischem Charakter, nahm sich Frankreichs Hauptstadt zum Vorbild und strebte danach, „Klein-Paris" zu werden. Auch Deutschland hatte seine Anhänger: Im Umfeld des Ersten Weltkriegs sind nahezu alle Angehörigen der politischen und intellektuellen Eliten kulturell entweder französisch (die Mehrheit) oder deutsch geprägt. Die rumänische Gesellschaft war beinahe in zwei Lager gespalten: auf der einen Seite ein Rumänien, das im traditionellen Zustand verharrte (am besten im rumänischen Dorf vertreten) und andererseits ein kosmopolitisches Rumänien, sehr facettenreich mit seinen Fremden und seinen Rumänen, mit ihrerseits unterschiedlicher ethnischer Abstammung und kultureller Orientierung.

1.5 Die „nationalistische Schule" und der orthodoxe Widerstand

Zu groß sei die kulturelle Heterogenität in Rumänien, stellte der liberale Erziehungsminister Spiru Haret, Initiator der nachhaltigsten und gründlichsten Erziehungsreform Rumäniens, fest. Das Heilmittel gegen diese Entfremdung hatte die Schule zu liefern: Sie hatte die Pflicht, die rumänische Sprache überall zu verbreiten und die rumänischen nationalen Werte zu vermitteln. *Die nationalisti-*

sche Schule, so bringt es der Titel einer Broschüre auf den Punkt, die Spiru Haret 1907 herausgab.[8]

Das langfristige Projekt der Nationalisierung wird hier beispiellos definiert: „[A]lle Nationalitäten auf unserem Boden sollen dahin gelangen, in einer einzigen zu verschmelzen, die eine Resultante aller bildet" (wobei mit „einer einzigen" natürlich die rumänische Nation gemeint war). Dabei fällt auf, dass hier wenigstens anerkannt wird, dass unter dem generischen Begriff des Rumänen einige Nationalitäten gefasst werden, die ja in den Statistiken nicht auftauchen und ebenso wenig in der knappen Darstellung des Altreichs, das als ethnisch homogenes Land dargestellt wurde.

Es gibt Dörfer, in denen „Bulgaren, Ruthenen und Ungarn bei uns seit Jahrhunderten leben, und in denen man dennoch auf nicht wenige Menschen trifft, die kein Wort Rumänisch verstehen". (Die Tschangos werden hier einfach zu Ungarn; später wurden sie von manchen heimischen Autoren zu mehr oder weniger magyarisierten Rumänen.) „Der Gedanke liegt mir fern", so verteidigte sich der Minister,

> *dass auf schulischem Wege oder sonst wie die Entnationalisierung von Minderheiten, die einen integrativen Bestandteil des rumänischen Staates darstellen, vorangetrieben werden soll. Die Entnationalisierung stellt einen langsamen Evolutionsprozess dar, der ein Durchdringen und das Aufnehmen eines Volkes durch ein anderes bedeutet. Dazu kann die Schule ein wenig beitragen; wichtigster Faktor sind aber die Zeit, die echtere Kultur und die größere Vitalität einer Rasse gegenüber der anderen.*

---

8 Spiru C. HARET: *Şcoala naţionalistă*, Auszug aus *Revista Generală a Învăţământului*, Jahr II, Nr. 6, Bucureşti, 1907, 12 S.

Das Ziel bleibt die Assimilierung; der Weg dahin soll aber nicht forciert werden. Was man aber anstreben könne – insbesondere durch die Schule –, sei der landesweite Erwerb der rumänischen Sprache sowie die Pflege der Zuneigung gegenüber dem Land. Ohne diese Anforderungen werden die genannten Gemeinschaften „weiterhin eine Art fremdes Land mitten im Land bilden, und zwar fremd nicht allein wegen der Sprache, sondern auch auf Grund der Orientierungen und Gefühle".

Nicht weniger besorgniserregend sei eine andere Seite des Problems, nämlich „der schlechte und immer stärker spürbare Einfluss, den die bei uns eröffneten ausländischen Schulen sogar auf Kinder rumänischer Sprache und Nationalität haben". Diese vielen Schulen entsprachen den Bedürfnissen einer ziemlich gemischten Stadtbevölkerung. Auch viele rumänische Eltern schickten ihre Kinder auf diese Schulen – und zwar aus verschiedenen Gründen: sei es wegen der besseren Möglichkeiten, Fremdsprachen zu erlernen, sei es wegen der strengeren Disziplin. So gab es 1914 allein in Bukarest nicht weniger als 15 katholische Bildungseinrichtungen mit insgesamt 3.942 Schülern, davon 1.982 Österreicher-Ungarn und 905 Rumänen (nach Konfessionen waren es 1.871 Schüler katholischer, 1.095 orthodoxer, 226 protestantischer, 750 mosaischer Religion) (NETZHAMMER, Bd. 2, 2005: 1485–1486). So erklärt sich die Angst vor der möglichen Entfremdung der rumänischen Jugend bis hin zur Konvertierung einiger zum Katholizismus. Die Vorwürfe von Spiru Haret an diese Schulen lauten:

Wenn die rumänische Sprache nicht ganz verbannt ist, gibt es eine lächerliche Anzahl an Unterrichtsstunden; die Geschichte und Geographie des Landes werden entweder gar nicht unterrichtet oder dienen nur dazu, das Land zu verspotten. Ich erinnere an den Fall, als eine Nonne ihren Schülerinnen bei-

brachte, Stefan der Große sei ein Banditenanführer. [...] Und was soll ich noch zur Religion sagen? Sie werde vernachlässigt, ist viel zu wenig; selbst damit, dass unsere Kinder lernen, wir seien Häretiker, ist noch nicht alles gesagt. Selbst wenn das nicht direkt zur offenen Konversion führt, werden doch Gefühle tiefster Abneigung und Verachtung gegenüber der Landesreligion entwickelt.

Mit diesen Feststellungen engagierte sich Spiru Haret in einer Art rumänischem *Kulturkampf*, indem er die Inspektionen verstärkte und eine rigorose Kontrolle der Lehrpläne einführte. Er hatte vor allem die Nonnen der Institute „Notre Dame de Sion" in Iaşi, Galaţi und Bukarest im Visier, denen vorgeworfen wurde, für die Konvertierung einiger Schülerinnen zum Katholizismus verantwortlich zu sein. Diese Institute wurden vor dem Ständigen Ausschuss für Öffentliche Bildung (im September 1904) dazu verpflichtet, ihr Personal und ihre Lehrpläne in Ordnung zu bringen. Den orthodoxen Schülerinnen wurde streng verboten, an katholischen religiösen Zeremonien teilzunehmen, stattdessen wurden sie an jedem Sonntag zur orthodoxen Messe begleitet. Es wurden Maßnahmen ergriffen, um in allen „nicht-rumänischen" Schulen für die religiöse Erziehung rumänischer Schüler durch orthodoxe Priester Sorge zu tragen.[9]

Der Fall ging durch alle Medien. Es schien, als wäre die Orthodoxie im Kontext der starken Verwestlichung die letzte Verteidigungslinie einer spezifisch rumänischen Identität, auf die man um keinen Preis verzichten konnte.

Spiru Haret erklärte am 30. November 1904 im Senat:

9 Dokumente zum „Fall Notre Dame de Sion": Arhivele Naţionale ale României, Ministerul Cultelor şi Instrucţiunii publice, 1130–1132/1904.

Wir haben mit allen möglichen Maßnahmen, Drohungen und Schulinspektionen versucht, diesen Direktorinnen begreiflich zu machen, welche Pflichten sie gegenüber dem Ministerium haben. Und ich glaube, selbst wenn sie nicht ganz verstanden haben, was wir ihnen beibringen wollten, so haben wir zumindest erreicht, dass sie teilweise verstehen, dass es so nicht mehr weitergehen kann, und dass es, wie der Rumäne sagt, ihnen an den Kragen geht; wenn wir uns bis jetzt mit Korrespondenz, Anweisungen, Briefen und Aufforderungen zufrieden gegeben haben, auch wenn diese bisher nur teilweise erfüllt wurden, so gehe ich davon aus, dass nun alles in geregelten Bahnen verlaufen wird; und wenn nicht, so werden wir wissen, was zu tun ist, damit die Gesetze, Vorschriften und unsere Anweisungen ausgeführt und respektiert werden (HARET 1934: 329).

Auch in den Folgejahren hielt dieser Druck an. Der katholische Erzbischof von Bukarest, Raymund Netzhammer, gab König Carol I. am 19. Dezember 1909 Auskunft über die handfesten Maßnahmen des „gefürchteten" Spiru Haret:

Dieses Jahr war überhaupt ein sehr schweres, namentlich auch bezüglich unserer Schulen. Wir hatten eine Unmasse von Schulinspektionen und erst noch welche! Im Kloster Pitar Moş wurden sogar Inspektionen gemacht im Noviziat und im Priesterhaus, man riß Schubladen auf usw.; ähnlich machte man es in St. Josef, in Sion und in unseren Knabenschulen! Wir Männer können uns schon wehren, aber die geängstigten Klosterfrauen! (NETZHAMMER, Bd. 1, 1995: 230)[10]

10 s. auch: Raymund NETZHAMMER (2005): *Episcop in Romania*, herausgegeben von Nikolaus NETZHAMMER unter Mitwirkung von Krista ZACH, Bd. 2,

Noch größer als gegenüber den römisch-katholischen „Ausländern" war das Misstrauen gegenüber den griechisch-katholischen Rumänen (die Unierten); trotz der Tatsache, dass sie in Siebenbürgen einen bedeutenden Anteil der rumänischen Bevölkerung ausmachten und ihre Verdienste in der nationalen Bewegung unstrittig waren. Im Königreich allerdings störten sie die gewollte Homogenität. Wie zu sehen war, ignorierte die Volkszählung diese Konfession schlicht und einfach. Man befürchtete, dass gerade sie – stärker noch als die römisch-katholischen „Nicht-Rumänen" – andere Rumänen zum Katholizismus bekehren würden. Bis 1909 durfte in Bukarest keine einzige griechisch-katholische Kirche gebaut werden, obwohl die Zahl der in Bukarest lebenden Unierten auf fünf- bis zehntausend geschätzt wurde. Es blieb ihnen nichts anderes übrig, als die orthodoxen Kirchen zu besuchen und so an den rumänischen Herd zurückzukehren! Als Erzbischof Netzhammer die Initiative ergriff, eine Kirche für die unierten Rumänen zu erbauen, stieß er bei den politischen Machthabern auf starke Ablehnung. Premierminister Ionel Brătianu klärte ihn über den Stand der Dinge auf:

[…] Es ist für uns außerordentlich schmerzlich, daß unsere Nation in Siebenbürgen drüben konfessionell gespalten ist, trotzdem im Grunde beide Teile den gleichen Glauben und diesen in der gleichen Form bekennen. Sie müssen doch selbst begreifen, daß man auch bei uns im Königreich den Keil des konfessionellen Zwiespaltes in unser Volk eintreibe. Die Siebenbürger Rumänien, welche zu uns herüber kommen, kennen sich in unseren orthodoxen Kirchen aus und finden sich da zu Hause. Nun habe ich gehört, daß Sie für die griechisch-

Bucuresti: Editura Academiei Române.

katholischen Rumänen oder für die Unierten, wie man auch sagt, hier eine besondere Kirche zu bauen beabsichtigen. Lateinische Kirchen können Sie meinetwegen bauen soviele Sie nur wollen, aber ich muß Ihnen des Bestimmtesten sagen, daß der Bau einer rumänisch-unierten Kirche uns durchaus ungelegen wäre (NETZHAMMER, Bd. 1, 1995: 213).

Schließlich wurde die Kirche gebaut und am 19. Dezember 1909 geweiht. Doch die diskriminierende Haltung gegenüber den Unierten lässt bereits an die Ereignisse denken, die ein paar Jahrzehnte später folgen sollten, als 1948 die Griechisch-Katholische Kirche von den kommunistischen Behörden schlicht und einfach aufgelöst wurde.

1.6 Transsilvanien, Bukowina, Bessarabien

In der Zeit um den Ersten Weltkrieg lebten in den Gegenden außerhalb Rumäniens, die 1918 angeschlossen werden sollten – also in Transsilvanien (im weiteren Sinne, einschließlich des Banats, des Kreischgebiets [rum. *Crişana*] und der Marmarosch [rum. *Maramureş*]), in der Bukowina sowie in Bessarabien –, zwischen vier und viereinhalb Millionen Rumänen (die Ungenauigkeit der Zahlen erklärt sich aus der Unsicherheit der Daten zu Bessarabien). Sie lebten verstreut über ein Gebiet, das um einiges größer war als das Rumänische Königreich und stellten dort wenig mehr als die Hälfte der Gesamtbevölkerung jener Gebiete; im Vergleich zu den sieben Millionen Einwohnern Rumäniens, die im Jahr 1912 registriert waren.

In Transsilvanien (im weiteren Sinne, wie oben angeführt) lebte der größte Teil der Rumänen, die unter fremder Herrschaft standen: 2.827.419 – so die ungarische Volkszählung von 1910. Dazu muss gesagt werden, dass in diesem Fall nicht die Nationalität, sondern die Muttersprache (oder die Verkehrssprache) das Hauptkriterium bildete.[11] Die Rumänen (oder genauer die Sprecher des Rumänischen) stellten zu dem Zeitpunkt 53,7% der Bevölkerung Transsilvaniens dar; Ungarn (im Sinne von Sprechern des Ungarischen) bildeten einen Anteil von 31,6% und die Deutschen einen Anteil von 10,7%. Das Kriterium der Sprache vergrößerte die Gruppe der „Ungarn", da zu den ethnischen Ungarn auch die jüdische Bevölkerung gezählt wurde, die größtenteils Ungarisch sprachen (3,5% der Bevölkerung). Hinzu kamen noch die Zigeuner, die ebenfalls nicht getrennt registriert wurden, sowie winzige Anteile anderer Nationalitäten. Das soll nicht bedeuten, dass ein solches Kriterium falsch wäre; letztlich ist der Wunsch nach kultureller Zugehörigkeit nicht weniger wichtig als die Herkunft. Die Magyarisierungspolitik trug ohnehin ihre Früchte: Der Anteil der Ungarn, oder derer, die Ungarisch sprachen, stieg von 25,2% im Jahr 1880 auf 29,5% im Jahr 1890 und auf 31,6% im Jahr 1910. Die Rumänen widerstanden dem ziemlich gut, denn ihre andere religiöse Zugehörigkeit schützte sie gewissermaßen. Landesweit verloren die Deutschen und die Slowaken in Ungarn spürbar zugunsten des ungarischen Bevölkerungsanteils. Der Anteil der rumänischen Bevölkerung in Siebenbürgen blieb recht konstant: 1880 54,9%, 1890 55%, 1910 53,7% – eine leichte Abnahme zum Schluss, jedoch nur eine relative, da der Bevölkerungsanteil der Rumänen in absoluten Zahlen von 1900 bis 1910 um 145.000 Einwohner gestiegen war.

Während die Rumänen landesweit nur knapp die Mehrheit stellten, waren sie auf dem Land, wo sie den größten Teil der bäuerli-

11 *A Magyar Szent Korona Orszagainak 1910 evi Nepszamlalasa* (recensământul maghiar din 1910), vol. 1, Budapesta: Magyar statisztikai közlemények, 1912; Pop et al., vol. III, 2010: 508.

chen Bevölkerung stellten, eine deutliche Mehrheit. Die Kehrseite der Medaille zeigte sich in ihrem niedrigen Anteil in den Städten: Die Ungarn (zu denen auch die Juden gerechnet wurden) und die Deutschen bildeten den größten Teil der Stadtbevölkerung (einschließlich der „nichtbäuerlichen" Gesellschaftsschichten: die Aristokratie, das Bürgertum, generell die Mittelschicht, die Arbeiterschaft). Zahlenmäßig waren ihnen die Rumänen nur in einigen kleinen Städten mit wenigen tausend Einwohnern (z.B. Orăştie) überlegen. In Cluj hingegen stellten die Ungarn 50.704 von den 60.808 Einwohnern, die Rumänen 7.562; in Târgu-Mureş waren es 22.790 Ungarn und 1.717 Rumänen bei einer Einwohnerzahl von 25.517; in Timişoara waren von 72.555 Einwohnern 31.664 Deutsche, 28.552 Ungarn, 7.566 Rumänen; in Arad, mit einer Gesamteinwohnerzahl von 63.166, lebten 46.085 Ungarn, 10.279 Rumänen; in Oradea waren von 64.169 Einwohnern 58.421 Ungarn (mehrheitlich Juden) und 3.604 Rumänen. Ein bisschen besser sah es mit den Rumänen in Sibiu (auch Sitz der orthodoxen Metropolie) aus, wo von 33.489 Einwohnern die Deutschen 16.832 stellten, die Rumänen 8.824 und die Ungarn 7.252. Noch besser, wenn auch hier dennoch in der Minderheit, waren sie in Braşov vertreten: Bei einer Einwohnerzahl von 41.056 lag die Zahl der Ungarn bei 17.831, der Rumänen bei 11.786 und der Deutschen bei 10.841.

Die Daten zur Bukowina (UNGUREANU 2003: 239–270) sind hinsichtlich der demografischen Berichte für die Zeit ihrer Annexion durch Österreich (im Jahr 1775) unsicher. Aus rumänischer Sicht gibt es natürlich eine rumänische Mehrheit: Laut einer kürzlich vorgelegten Untersuchung stellten die Rumänen 60% der Bevölkerung, die Ruthenen 33%. Sicher ist die ethnische Landschaft in der „österreichischen" Periode von 1775 bis 1918 um einiges bunter geworden, besonders durch die Ansiedlung einer beträchtlichen Anzahl von Deutschen und Juden (im kleineren Ausmaß auch

Ungarn). Auf der anderen Seite überstieg die Zahl der Ruthenen eigentlich die der Rumänen – wobei es sich hier um zwei recht verschiedene Regionen handelte: die Nordbukowina mit einer ruthenischen (ukrainischen) und die Südbukowina mit einer rumänischen Mehrheit. Im Jahr 1910 unterteilte sich die Bevölkerung – gezählt nach ihrer Alltagssprache – wie folgt: eine Gesamteinwohnerzahl von 794.929 – davon 305.101 Ruthenen (38,4%); 273.254 Rumänen (34,4%); 168.851 Deutsche (21,2%). Betrachtet man aber die Statistik nach Konfessionen, so erscheint dort die Zahl von 102.919 Bewohnern mosaischer Konfession (12,9%), was bedeutet, dass die Mehrheit der Deutschsprachigen Juden waren. Wie in Siebenbürgen, so wohnten auch hier die meisten Rumänen in den Dörfern. In Czernowitz, der Provinzhauptstadt, wurden 1910 85.458 Einwohner gezählt; 41.360 (48,4%) von ihnen waren deutschsprachig (die meisten davon Juden, mit einer Anzahl von 28.613 beziehungsweise 32,8% aller Bewohner); Ruthenen sind mit 15.254 (17,8%) und Rumänen mit 13.440 (15,7%) vertreten, und damit werden Letztere sogar von den Polen (14.893, 17,4%) überholt.

Auch in Suceava, der alten Hauptstadt der Moldau, erreichte das Deutsche eine höhere Sprecherzahl (mit 6.449) als das Rumänische (mit 3.667). Die Rumänen stellten in zwei kleineren Städten die Mehrheit: in Câmpulung und Vatra Dornei. Insgesamt machten die 34.676 Rumänen bei der städtischen Bevölkerung von 161.664 Einwohnern gerade mal ein reichliches Fünftel aus.

In Bessarabien bestand die Bevölkerung zum Zeitpunkt seiner Annexion durch das Russische Reich im Jahr 1812 mehrheitlich – nämlich zu 86% – aus Rumänen (Moldauern). Die Kolonisierung und das insbesondere ab der zweiten Hälfte des 19. Jahrhunderts einsetzende Russifizierungssystem veränderten die Bevölkerungsanteile. So zählte die Volkszählung im Jahr 1897 1.936.012 Einwohner, von denen nur noch 47,6% rumänisch waren, neben 19,6%

Ukrainern, 11,8% Juden und 8% Russen. Allerdings waren die von den russischen Behörden gelieferten Informationen schon immer fragwürdig: Bei einem zweiten Blick auf die Daten derselben Volkszählung gelangten rumänische Historiker zu einem anderen Ergebnis, bei dem der Anteil der rumänischen Bevölkerung auf 56% steigt – ein Unterschied von 10 Prozentpunkten und eine absolute Mehrheit an Stelle einer relativen.[12] Vermutlich wurden einige Rumänen mit oder ohne ihre Zustimmung als Russen registriert, wenn es auch für manche eine Ehre gewesen wäre, sich zu Russen zu erklären – wie im Fall des bessarabischen Bojarentum, das gegen Ende des 19. Jahrhunderts nahezu komplett russifiziert war. (Sogar der große rumänische Patriot Constantin Stere, der 1892 nach Rumänien eingewandert war, gab zu, dass er damals kaum Rumänisch sprach.) Allerdings ist auch die „rumänische" Methode, alle Personen zu ihrer ursprünglichen Ethnie zu zählen, unabhängig davon, wie sie ihre Entscheidung zur kulturellen Zugehörigkeit getroffen haben, nicht gerade empfehlenswert: Ein russifizierter Rumäne – also jemand, der das nicht nur auf dem Papier ist – ist bereits ein Russe und kein Rumäne mehr, so wie umgekehrt viele Balkanbewohner nach ihrer Ansiedlung in Rumänien zu Rumänen geworden sind. Unter diesen Bedingungen, wenn also viele Personen keine „absolute" ethnische und kulturelle Identität besitzen, ist es unmöglich, genaue Zahlen zu nennen. Klar ist aber, dass die Rumänen mit Abstand die zahlenmäßig stärkste Gemeinschaft bildeten, die jedoch erheblich schrumpfte, vor allem infolge der Russifizierung der Eliten. Die Rumänen hielten sich besser in den Dörfern. In den Städten überwog die russische Kultur und hier wohnte auch eine große Anzahl Juden. In Chişinău – so die Daten der glei-

12 Zur „russischen" Variante der Volkszählung s. LIVEZEANU (1998): 111–112; zur „rumänischen" Variante s. NISTOR (1923): 304–305. Ein Vergleich der beiden Werke s. CIOBANU (1941).

chen Volkszählung von 1897 – teilten sich Juden mit 45,9% und Russen mit 27% die Bevölkerungsmehrheit.

Der „rumänische“ Raum außerhalb des Königreichs Rumänien war daher nicht einfach rumänisch, sondern nur mehrheitlich rumänisch, da die Rumänen die Hälfte der Gesamteinwohnerzahl lediglich leicht überschritten und die „Anderen“ zusammen nahezu die andere Hälfte bildeten. Hinzu kam noch der Stempel „fremd“ in Bezug auf Rumänen: die bessarabische Elite war russifiziert, und die rumänische Elite Siebenbürgens und der Bukowina hatte sich bei guter Bewahrung der rumänischen Identität gleichzeitig dem Geist Mitteleuropas angenähert und unterschied sich damit in signifikanter Weise von der Elite des Altreiches mit ihren balkanischen Wurzeln und ihrer ausgeprägten Neigung zur französischen Kultur.

2 Großrumänien

Einheitlicher Nationalstaat? – Die Volkszählung von 1930 – Rumänisierung durch die Schule – Rumänen und Rumänen – Auf dem Weg zur ethnischen Säuberung?

2.1 Einheitlicher Nationalstaat?

Im Jahr 1918 verändert Rumänien seine Gestalt. Die Schritt für Schritt erfolgte Angliederung Bessarabiens, der Bukowina und Transsilvaniens führt zu mehr als einer Verdoppelung seines Gebietes und seiner Bevölkerungszahl (von 137.000 km^2 auf 295.000 km^2 beziehungsweise von 7,235 Millionen Einwohnern im Jahr 1912 auf 18 Millionen im Jahr 1930). Fast alle Rumänen leben nun innerhalb der Grenzen desselben Staates; hinzugekommen ist aber eine breite Palette an Minderheiten. Nach der Volkszählung von 1930 machten die ethnischen Rumänen 71,9% der Gesamtbevölkerung des Landes aus. Fast drei von zehn Bewohnern gehörten somit einer „Minderheit“ an.

Als „einheitlicher Nationalstaat“ wird das Land in der 1923 verabschiedeten Verfassung definiert: ein Ausdruck, den die (nachträglich geänderte) Verfassung von 1866 nicht enthielt, obwohl das Altreich im rumänisch ethnischen Sinne noch „nationaler“ war als Großrumänien. Man könnte meinen, dass gerade die verhältnismäßig geringe nationale Homogenität diesen Ausdruck nahelegte, um das Defizit zu kompensieren.

Für die rumänische Geschichtsschreibung, die noch von dem Gedankengut des 19. Jahrhunderts geprägt ist, dass Geschichte zur

Legitimierung nationaler Rechte dient, scheint der rumänische einheitliche Nationalstaat eine Selbstverständlichkeit zu sein. Wenn ihn sogar die Verfassung verkündet! Die neueste *Geschichte der Rumänen*, herausgegeben unter der Ägide der Rumänischen Akademie und damit *theoretisch* mit höchster wissenschaftlicher Autorität versehen, beschreibt Großrumänien als „*de facto* und *de iure* einheitlichen Nationalstaat, der aus Territorien besteht, die seit jeher von Rumänen bewohnt sind“ (*Istoria românilor*, vol. VIII, 2003: 6).

Es gibt mit Sicherheit unterstützende Argumente für eine solche Formulierung. Innerhalb Großrumäniens leben fast überall mehrheitlich Rumänen (allerdings mit Ausnahme Nord- und Südbessarabiens, der Nordbukowina, der Süddobrudscha und des Szeklerlandes in Transsilvanien). So viele Minderheiten hier auch leben – sie sind doch jeweils auf einen bestimmten Teil des Landes begrenzt. Das Bindeglied bildet allein die rumänische Bevölkerung. Was die institutionellen Strukturen des Landes angeht, gibt es nichts zu deuteln: Großrumänien übernimmt die zentralistische Philosophie des Altreiches; von der Akzeptanz regionaler Eigenheiten kann keine Rede sein.

Dennoch gibt es diese lokalen Besonderheiten, manche sind ganz leicht zu sehen. Historische Entwicklungen können nicht durch einen Federstrich getilgt werden. Ja sogar die Rumänen unterscheiden sich von Region zu Region. Und die Minderheiten, ihrerseits sehr verschieden, heben diese Unterschiede noch stärker hervor. Die angeschlossenen Gebiete sind weniger rumänisch als Rumänien in seiner Ganzheit betrachtet. Die „Anderen“ bilden zwischen 40 und 50% in Transsilvanien und Bessarabien und überschreiten sogar die Schwelle von 50% in der Bukowina und in der Dobrudscha (einschließlich der Süddobrudscha). Bis zum Jahr 1918 stellten einige Minderheiten das dominierende Element dar (die Ungarn in Transsilvanien, die Deutschen in der Bukowina, die „Russophonen“ in Bessarabien), und selbst wenn sie in Großrumänien nicht mehr den politischen Primat haben, so sind sie auch weiterhin generell wirtschaftlich und kulturell bessergestellt als die Rumänen. Daneben bleibt kennzeichnend, dass die Rumänen bis zum Ende dieser Periode zwar insgesamt die Mehrheit bilden, in den Städten aber eine Minderheit darstellen.

Der „offizielle“ historische Diskurs behauptet unverdrossen, die Rumänen hätten eine korrekte Haltung gegenüber den Minderheiten eingenommen. In der von der Rumänischen Akademie herausgegebenen *Geschichte* ist zu lesen: „Die rumänischen Behörden nahmen den Minderheiten gegenüber eine grundsätzlich positive Haltung ein. Einige Gesetze waren ganz offensichtlich zum Vorteil der Minderheiten“ (*Istoria românilor*, vol. VIII, 2003: 60).

Und tatsächlich kann bis zum Ende der dreißiger Jahre eine gewisse Zurückhaltung in der rumänischen Minderheitenpolitik festgestellt werden. Das ging ja auch gar nicht anders in einem auf liberalen und demokratischen (wenn auch unvollkommen implementierten) Prinzipien aufgebauten Staat. Das zwang zur Anerkennung der Tatsache, dass die Minderheiten nicht „Anhängsel“ waren; zu sehr prägten sie das ethnische und kulturelle Profil der angeschlossenen Regionen. Zwar hatten die Rumänen den Kampf um die Zahlen gewonnen, wenn auch nur knapp. Doch die Minderheiten bildeten viel zu starke Blöcke, insbesondere im städtischen Milieu und in vielen Wirtschaftsbereichen, als dass sie einfach hätten beiseitegedrängt werden können. Und Rumänien blieb an den „Minderheitenvertrag“ gebunden, den es – wenn auch unfreiwillig – zusammen mit den Friedensverträgen unterzeichnet hatte.

Es wäre allerdings naiv zu erwarten, die erste Sorge des „einheitlichen rumänischen Nationalstaats“ hätte dem Minderheitenschutz gegolten. Das wäre wohl ein kurioses Verständnis des „Nationalstaates“ gewesen. Das Projekt bestand in allererster Linie in der Rumänisierung eines Rumänien, das im Hinblick auf das Ideal eines Nationalstaates viel zu viele Nicht-Rumänen hatte und das sich darüber hinaus unterschiedlichsten fremden Einflüssen auf die Rumänen in den erst kürzlich angegliederten Regionen ausgesetzt sah. Die Erosion der Minderheiten und der Prozess der kulturellen Vereinheitlichung sind Phänomene, die sich in allen Nationalstaaten vollzogen, sei es durch eine gezielte, systematische Politik oder ganz objektiv durch das langsame aber fatale Aufgehen der Minderheiten in der Mehrheit. Frankreich, in vielerlei Hinsicht das demokratische Modell schlechthin, hat seine Minderheiten aufgesogen und aus allen Bürgern Franzosen gemacht (während der Französischen Revolution sprachen die meisten nicht einmal Französisch). In Finnland – eine weitere Modelldemokratie – ist Schwedisch, das nur ein kleiner Teil der Bevölkerung spricht, die zweite Landessprache (nach dieser finnischen Logik könnte Ungarisch in Rumänien eine offizielle Landessprache sein); das löbliche demokratische Verhalten kann aber die Tatsache nicht verdecken, dass die Zahl der Schwedischsprecher innerhalb des vergangenen Jahrhunderts auf die Hälfte gesunken ist. Die Nation zerreibt die Minderheiten und tendiert zur Homogenisierung; wir wären Heuchler, wenn wir so tun würden, als würden nur in Rumänien die Dinge anders laufen.

Das beste Mittel, um die heiklen Probleme zu umgehen, besteht sicher darin, nicht über sie zu sprechen. In Cluj wurde vor kurzem eine umfangreiche Geschichte Transsilvaniens herausgegeben. Sie umfasst drei Bände: Der letzte endet mit dem Jahr 1918! Die synthetische Darstellung in einem Band lässt zunächst hoffen, dass eine Weiterführung bis in die Gegenwart folgen wird; eines der letzten Kapitel nennt sich auch „Transsilvanien nach 1920“. Tatsächlich sind es dann aber nur einige wenige Seiten und vage Überlegungen, die mit dem angekündigten Thema fast nichts zu tun haben.[13] Sollen wir daraus schließen, dass für Transsilvanien das Jahr 1918 „das Ende der Geschichte“ bedeutete?

2.2 Die Volkszählung von 1930

Im Gegensatz zum Altreich, in dem die rumänischen Bürger nicht getrennt nach Nationalitäten registriert wurden und die „Nicht-Rumänen“ entweder fremde Bürger oder solche „ohne Schutz“ waren, werden nach 1918 in Großrumänien die Bewohner der angeschlossenen Gebiete zu rumänischen Bürgern verschiedener Nationalitäten, während im Königreich selbst die Personen „ohne Schutz“ – größtenteils Juden – die rumänische Staatsbürgerschaft erlangen, vorausgesetzt sie sind im Land geboren (Gesetzesdekret vom 30. Dezember 1918).

Ein in jeder Hinsicht außerordentlich detailliertes Röntgenbild Großrumäniens vermittelt die Volkszählung von 1930, wahrscheinlich die professionellste, die jemals in Rumänien durchgeführt wurde (Ihre Ergebnisse wurden von dem bekannten Statistiker Sabin Manuilă herausgegeben).[14]

Gesamtbevölkerung: 18.057.000; städtischer Raum: 3.632.000; ländlicher Raum: 14.421.000. Dazu eine erste Bemerkung: Rumäni-

13 Ioan-Aurel POP, Thomas NÄGLER & Andras MAGYARI (Hg.) (2003–2008): *Istoria Transilvaniei*, 3 Bde. – Cluj-Napoca: Centrul de Studii Transilvane, (in englischer Übersetzung: *The History of Transylvania*); Ioan-Aurel POP & Ioan BOLOVAN (2013): *Istoria Transilvaniei*. – Cluj-Napoca Editura Eikon.

14 *Recensământul general al populației României din 29 decembrie 1930*, veröffentlicht von Sabin Manuilă, 9 Bde., București, 1938–1941. S. auch „Populația României“, in *Enciclopedia României*, vol. 1, 1938, 133–160. Außerdem MANUILĂ, Sabin (1938): *Aspects demographiques de la Transylvanie*. București: Ed. Institutului Central de Statistică und MANUILĂ, Sabin (1939): *La population de la Dobroudja*. București: Ed. Institutului Central de Statistică.

en bleibt auch in den Jahren der Zwischenkriegszeit ein agrarisch und ländlich geprägtes Land (80% der Bevölkerung).

Ethnische Rumänen insgesamt: 71,9%. Oltenien ist mit 97,5% die rumänischste Provinz. Muntenien folgt mit 93,4%; die Städte Munteniens haben weiterhin eine kosmopolitische Note, da der Anteil der Rumänen im städtischen Raum auf 82,3% sinkt. In Bukarest zählt man 639.000 Einwohner. Davon sind 77% ethnische Rumänen, 11% Juden, 4% Ungarn und etwas mehr als 2% Deutsche. In der Moldau sind 89,8% Rumänen, aber im städtischen Raum nur 70,8%, die Juden bilden hier 23,1% (in Iaşi stellen die Rumänen bei einer Gesamtbevölkerung von 103.000 Einwohnern 61%, die Juden 34%). Die Bevölkerung der Dobrudscha ist noch viel stärker gemischt: Die Rumänen bilden in der alten rumänischen Dobrudscha die Mehrheit, bleiben aber in der Süddobrudscha trotz der Kolonisierung eindeutig eine Minderheit. In der gesamten Region erreicht ihr Anteil 44,2%, die Bulgaren folgen mit 22,8% und die Türken mit 18,5%.

In Transsilvanien (das Gesamtterritorium „hinter den Karpaten") erreichen die Rumänen 57,8%, die Ungarn 24,4%, die Deutschen 9,8% und die Juden 3,2% (im eigentlichen Siebenbürgen – nach der üblichen regionalen Unterteilung – bilden die Rumänen 57,6%, die Ungarn 29,1%, die Deutschen 7,9%, die Juden 2,4%; im Banat sind 54,3% Rumänen, 10,4% Ungarn und 23,8% Deutsche – hier ist die hohe Zahl der Deutschen anzumerken und der geringe Anteil der Ungarn; in der Crişana-Maramureş sind 60,7% Rumänen, 23,1% Ungarn, 4,8% Deutsche und 6,4% Juden).

Der naheliegende Vergleich mit der Volkszählung von 1910 hat zu berücksichtigen, dass damals die gesprochene Sprache erfasst wurde, während für die rumänische Volkszählung, die hier diskutiert wird, nicht die Sprache, sondern die Nationalität zählt. Die Juden, die damals praktisch als Ungarn (als Ungarischsprecher) zählten, werden nun getrennt registriert. Hinzu kommt, dass um die 200.000 Ungarn Transsilvanien nach dessen Vereinigung mit Rumänien verlassen hatten. Das ergibt eine zweifache Erklärung für die Reduzierung des „ungarischen" Anteils von 31,6% auf 24,4%.

Im Vergleich zu 1910 ist der rumänische Anteil an der städtischen Bevölkerung Transsilvaniens auffallend gestiegen: von 17,6% im Jahr 1910 auf 35% im Jahr 1930 – eine Zunahme, die einerseits mit der Erhöhung der Zahl der rumänischen Mitarbeiter in den Behörden und verschiedenen Institutionen zusammenhängt, und andererseits mit der natürlichen Entwicklung, dass Menschen aus den mehrheitlich rumänisch besiedelten ländlichen Gebieten in die Stadt abwandern. Selbst vor diesem Hintergrund bleiben aber die Rumänen, wie man sieht, in den transsilvanischen Städten eine Minderheit: Der Anteil der Ungarn beträgt im Jahr 1930 37,9%, der Deutschen 13,2%, der Juden (mehrheitlich kulturell ungarisch geprägt) 10,4%. Einige Beispiele hierzu: Cluj – 100.844 Einwohner (47.689 Ungarn, 34.895 Rumänen, 13.062 Juden); Braşov – 59.232 Einwohner (23.269 Ungarn, 19.372 Rumänen, 13.014 Deutsche); Sibiu – 49.345 Einwohner (21.598 Deutsche, 18.620 Rumänen, 6.521 Ungarn); Timişoara – 91.580 Einwohner (27.802 Deutsche, 27.652 Ungarn, 24.217 Rumänen, 7.171 Juden); Oradea – 82.687 Einwohner (42.630 Ungarn, 22.412 Rumänen, 14.764 Juden).

Transsilvanien ist nicht nur multiethnisch, sondern auch multikonfessionell, wobei sich die religiösen Unterschiede nicht nur zwischen, sondern auch innerhalb den Ethnien zeigen. Die Ungarn sind entweder katholisch oder reformiert; die Deutschen Lutheraner (Sachsen) oder Katholiken (Schwaben); die Rumänen orthodox oder griechisch-katholisch. Das eigentliche Siebenbürgen ist die einzige rumänische Provinz, in der die Rumänen nicht mehrheitlich orthodox sind: 31,1% von ihnen gehören der griechisch-katholischen Kirche an und 27,7% der orthodoxen.

In der Bukowina bilden die Rumänen nur eine relative Mehrheit. „Auch nicht schlecht", ist man geneigt zu sagen, wenn man bedenkt, dass vor der Vereinigung die Ruthenen die relative Mehrheit bildeten. Jetzt, im Jahr 1930, stellen die Rumänen 44,5%, die Ruthenen 27,7%, die Juden 10,8%, die Deutschen 8,9% der Einwohner. Dabei scheint die Umkehrung der Verhältnisse mit den erheblichen Unterschieden zwischen der Zahl der Rumänen und der Ruthenen stärker von der Methode der Volkszählungen bestimmt zu sein als von tatsächlichen Entwicklungen. Im Jahr 1910, als das Kriterium die Sprache war, gab es unter den ethnischen Rumänen viele, die sich als Sprecher des Ukrainischen registrierten. Im Jahr 1930 erklären sich im Gegensatz dazu mehr zweisprachige Personen als Rumänen. Eine gewisse Unstimmigkeit, zum Nachteil der Rumänen, zeigt sich zwischen der Ethnie und der Sprache. Während sich 44,5% als ethnische Rumänen erklären, gibt es nur 41,1% Sprecher des Rumänischen, woraus folgt, dass sich fast ein Zehntel der Rumänen weiterhin vorzugsweise auf Ukrainisch ausdrückt.

Wie in allen angeschlossenen Gebieten bleiben die Rumänen auch in der städtischen Bukowina trotz der registrierten Zunahme eine Minderheit, und zwar von 31,9% der Stadtbewohner. In Czernowitz sind von 112.427 Einwohnern nur 30.367 Rumänen, 16.359 Deutsche, 11.130 Ruthenen und 42.592 Juden (die meisten deutscher kultureller Prägung).

Und schließlich Bessarabien mit 56,2% Rumänen, 12,3% Russen, 11% Ukrainern, 7,2% Juden, 5,7% Bulgaren, 3,4% Gagausen. Gezählt werden auch 81.000 (2,8%) Deutsche, die im Jahr 1812, kurz nach der russischen Annektierung Bessarabiens, angesiedelt wurden.[15] Im städtischen Raum bleiben die Rumänen mit 31% ebenso eine Minderheit wie die Russen mit 27,1% und die Juden mit

15 Zur Geschichte der Deutschen in Bessarabien s. SCHMIDT (2014).

26,8%). In Chişinău sind von 114.896 Einwohnern 48.456 Rumänen, 19.631 Russen, 41.065 Juden. Die Zahl der Sprecher des Russischen als Kommunikations- und Kultursprache übersteigt den ethnischen Anteil der Russen spürbar (31,6% im städtischen Raum im Vergleich zu 30,1% Sprecher des Rumänischen).

Die Integration der Minderheiten in den Nationalstaat verlief mühsam und funktionierte nur sehr begrenzt. In dieser Hinsicht traf die Unfähigkeit der rumänischen Behörden auf die Weigerung vieler Minderheiten, die von heute auf morgen in einem Land und mitten in einer Kultur aufwachten, mit der sie sich überhaupt nicht verbunden fühlten. Im Jahr 1930 können über 50% der Angehörigen der verschiedenen „Minderheiten" kein Rumänisch. Der Anteil der „Nicht-Rumänen", die das Rumänische beherrschen, fällt in den Kreisen Hotin und Cetatea Albă in Bessarabien auf 27% beziehungsweise 31% in Transsilvanien, auf 14,4% im Kreis Ciuc und in Odorhei auf 13,2%.

Im Grunde werden in einem Nationalstaat die Minderheiten zu Teilen der jeweiligen Nation, sobald es eine einzige Nation gibt. Die meisten Angehörigen der Minderheiten – jedenfalls diejenigen aus den angeschlossenen Gebieten – waren aber weit davon entfernt, sich als Rumänen zu fühlen, ja nicht nicht einmal die Rumänen betrachteten sie als solche. Sie wurden eher als „Fremde" wahrgenommen, deren Treue zum rumänischen Staat oft in Frage gestellt wurde. Es war ein gegenseitiges Misstrauen: der Rumänen gegenüber den Minderheiten und der Minderheiten gegenüber den Rumänen.

Vor allem aber störten sich die Rumänen daran, dass sich in einem als national proklamierten Staat der Großteil der Wirtschaft in „nicht-rumänischer" Hand befand. Eine amtliche Statistik aus dem Jahr 1938 zeigt, wem die privaten Industrie- und Handelsunternehmen gehören. Von insgesamt 229.042 waren 48,49% rumänisch, während 31,14% jüdisches Eigentum war, 20,37% gehörten anderen Minderheiten. Muntenien und Oltenien (mit 76,95% beziehungsweise 92,55%) stellten die einzigen Regionen mit mehrheitlich rumänischer Wirtschaft dar. In der Moldau besaßen die Rumänen 40,65%, die Juden 56,12% der Firmen. In Bessarabien betrug der rumänische Anteil 17,61%, in der Bukowina 14,65%, in Transsilvanien 36,15%, im Banat 47,36%, im Crişana-Maramureş-Gebiet 21,22% (*Enciclopedia României*, vol. IV, 1938: 360).

Zum Abschluss unseres Rundgangs durch die Statistik soll ein Blick auf die wesentlichen kulturellen Unterschiede zwischen den verschiedenen Landesteilen geworfen werden, die dem Vereinigungsprojekt zum Trotz existierten. Bildung zeigt sich dabei als interessanter Indikator. Den Daten von 1930 zufolge sind 57% der Einwohner Rumäniens, die älter als 7 Jahre sind, alphabetisiert, womit Rumänien auf einem der letzten Plätze unter den europäischen Staaten liegt. Diese Prozentzahl beinhaltet große Unterschiede in den einzelnen Kategorien: Im städtischen Raum stellen Personen mit Schulbildung 77,3% der Einwohner, im ländlichen jedoch nur 51,3%; insgesamt 69,2% der Männer, 45,5% der Frauen; im städtischen Raum sind es 84,5% der Männer und 70,3 % der Frauen; im ländlichen Raum 64,9% der Männer und 38,7% der Frauen. In Bezug auf die regionale Verteilung lassen sich drei Zonen unterscheiden: das Altreich mit Anteilen zwischen 50 und 60% (Oltenien 49,5%; Muntenien 57,6%; Moldau 57%, Dobrudscha 52,9%), Transsilvanien liegt mit 60 bis 70% deutlich höher (das eigentliche Siebenbürgen 68,3%; Banat 72%; das Crişana-Maramureş-Gebiet mit 61,5%) sowie die Bukowina (65,7%); und zum Schluss, weit unter dem Durchschnitt, Bessarabien mit nur 38,1%. Dabei fällt auf, dass in Transsilvanien auch die geringsten Bildungsunterschiede zwischen Männern und Frauen bestanden, in Bessarabien die größten. Die höchsten Alphabetisierungswerte erreicht der Kreis Braşov mit 86,9%, gefolgt vom Kreis Sibiu mit 85,3%.

2.3 Die Rumänisierung durch die Schule

Die Schule ist das primäre Instrument der Identitätskonstruktion, sei es für die Nation oder für die der Minderheiten. Die Schulpolitik des Zwischenkriegs-Rumänien veranschaulicht sehr gut, welche Rechte den verschiedenen Nationalitäten eingeräumt wurden, deren Beschränkungen sowie die Strategien der Regierung, ihnen wieder wegzunehmen, was ihnen gerade erst gegeben worden war.

Im akademischen Bereich war die Lösung einfach und radikal. Die beiden nicht-rumänischen Universitäten, die ungarische Universität in Cluj und die deutsche Universität in Czernowitz, wurden sofort zu rumänischen umgestaltet. In Großrumänien wurde die gesamte universitäre Bildung auf Rumänisch angeboten, wobei die Lehrkräfte bis auf wenige Ausnahmen nur ethnische Rumänen waren. Die Studenten kamen natürlich aus allen Nationalitäten, aber auch in dieser Hinsicht wurden in den dreißiger Jahren Maßnahmen ergriffen, um die Zahl der Universitätsangehörigen zu beschränken, aber gleichzeitig die ethnischen Rumänen zu fördern (mit einer festen Anzahl an Studienplätzen und Aufnahmeprüfungen, die auch gute Kenntnisse der rumänischen Sprache voraussetzten). Damit sinkt der Anteil der Studenten aus den Minderheiten in diesem Jahrzehnt kontinuierlich. Unter diesem Aspekt stellten die Juden „das große Problem" dar. Im Studienjahr 1933/1934 stellten sie – obwohl bereits rückläufig – noch immer 14% der Gesamtzahl der Studenten (zum Vergleich: sie stellten 4% der Landesbevölkerung und 13,6% der Stadtbevölkerung). Im akademischen Jahr 1937/1938 sank die Zahl der jüdischen Studenten auf 8%. Die Ungarn machten an den Universitäten im Studienjahr 1933/1934 einen Anteil von 5% und 1937/1938 (bezogen auf die 7,9% ungarischer Bevölkerung) von unter 3% aus; der Anteil der Deutschen (4,1% der Bevölkerung) ging von 1,9% auf 1,6% zurück, was bedeutet, dass sowohl die Einen als auch die Anderen ihre Eliten zum Teil außerhalb Rumäniens ausbildeten.[16]

Im Gegensatz dazu gab es in der voruniversitären Ausbildung – sowohl in der Primar- als auch in der Sekundarstufe – Schulen bzw. Abteilungen mit Unterricht in den verschiedenen Minderheitensprachen. Dort, wo es eine bedeutende Minderheitenbevölkerung erforderlich machte, gab es viele solcher Grundschulen, jedoch sehr wenige solcher Gymnasien und Lyzeen. In den ersten Jahren nach 1918 wurde angestrebt, dass alle Nationalitäten über ihre eigenen staatlichen Mittelschulen verfügen sollten. In Czernowitz wurden die Schulen beispielsweise nach Nationalitäten verteilt: Gymnasium Nr. 1 (und zwei weitere Schulen) waren für die Rumänen, Gymnasium Nr. 2 für die Deutschen, Gymnasium Nr. 3 für die Juden, Gymnasium Nr. 4 für die Ruthenen, Gymnasium Nr. 5 für die Polen (sowie zwei weitere nationalitätsübergreifende Schulen). Ein paar Jahre später ist aus unbekannten Gründen das polnische Gymnasium verschwunden, die anderen waren rumänisch geworden. Nur das deutsche Gymnasium blieb als einziges mit eigener Unterrichtssprache erhalten. In Bessarabien hatte sich die Rumänisierung fast ganz durchsetzen können; das Russische als Unterrichtssprache verschwand; in Sărata (eine Art Hauptstadt der deutschen Gemeinschaft in Bessarabien, die etwa 80.000–90.000 Personen umfasste) überlebte eine Mittelschule mit deutscher Unterrichtssprache. Anfangs bestanden in Transsilvanien mehrere Mittel-

16 S. hierzu *Anuarul statistic al României, 1939 şi 1940*, „Studenţii înscrişi în universităţi şi şcoli speciale după neam în anii 1933/34–1937/38“, Bucureşti 1940, 292–293.

schulen, Gymnasien oder Abteilungen mit ungarischer oder deutscher Unterrichtssprache. Mit den Jahren wurden es immer weniger. Constantin Kiriţescu, Direktor für Sekundarschulbildung, stellte im Jahr 1925 fest:

Die ungarischen Schüler besuchen entweder ungarische konfessionelle Schulen oder, wenn sie ein staatliches Gymnasium besuchen, dann die dortigen rumänische Abteilung. Aus diesem Grund sind die ungarischen Abteilungen schwach besucht und drohen zu verschwinden. Eine komplette ungarische Abteilung gibt es heute im Emanuil-Gojdu-Gymnasium in Oradea-Mare, während man unvollständige Abteilungen in den Gymnasien von Arad, Petroşani, Salonta, Gheorghieni, Târgu-Mureş, Turda, Satu Mare, Sighet, Careii Mari findet.[17]

In einer Umfrage aus dem Jahr 1938 tauchen (bei den Gymnasien für Jungen) nur noch das deutsche Gymnasium in Timişoara und die ungarische Abteilung des Emanuil-Gojdu-Gymnasiums in Oradea als separate Einrichtungen auf.[18]

Die Ungarn und die Deutschen bevorzugten tatsächlich die eigenen (konfessionellen) Privatschulen, auch wenn ihre Unterhaltung einen zusätzlichen finanziellen Aufwand sowohl für die Gemeinden als auch für die Familien bedeutete. Ein weiterer Beleg für fehlende Integration: Sie hielten die rumänische Schule für allzu rumänisch, selbst dort, wo der Unterricht auf Ungarisch und Deutsch gehalten wurde (wo neben der rumänischen Sprache und Literatur auch Geografie, Geschichte der Rumänen und Bürger-

17 *Anuarul învăţământului secundar din România pe anul 1924–1925*, Bucureşti 1925, VI-XV.

18 Arhivele Naţionale ale României, Ministerul Educaţiei Naţionale, 581/1938, vol. I-III.

kunde auf Rumänisch unterrichtet wurde, und zwar in einem deutlich ausgeprägteren rumänischen Geist als in den konfessionellen Schulen). In den staatlichen Grundschulen waren 1930/1931 87.110 Schüler ungarischer ethnischer Zugehörigkeit angemeldet und 1937/1938 112.760; in den privaten Grundschulen betrug ihre Zahl in diesen Schuljahren 74.037 beziehungsweise 57.473. 54.088 Deutsche gingen im Schuljahr 1930/1931 in die staatlichen Grundschulen und 54.036 im Schuljahr 1937/1938, in den privaten Grundschulen waren es 42.587 bzw. 42.388. Demzufolge gingen die meisten Angehörigen der Minderheiten in die staatlichen Grundschulen. Umgekehrt verhielt es sich im sekundären Bildungsbereich. In den staatlichen Sekundarschulen waren im Schuljahr 1930/1931 3.645 und im Schuljahr 1937/1938 4.655 Ungarn angemeldet; in den privaten Sekundarschulen betrug deren Zahl 7.609 beziehungsweise 8.151. 2.614 beziehungsweise 3.683 Deutsche besuchten eine staatliche Sekundarschule, 4.433 beziehungsweise 6.317 eine private Sekundarschule. (Von den anderen Minderheiten verfügten weder die Ukrainer noch die Russen über ein eigenes privates Erziehungssystem; die wenigen „nicht-rumänischen“ Schulen in der Bukowina und Bessarabien waren deutsch und in einigen Fällen jüdisch.)[19] Wie man sieht, war der „einheitliche Nationalstaat“ in Bildungsangelegenheiten nicht durchgreifend erfolgreich.

Auf Ablehnung stieß die Entscheidung, nur eindeutige Angehörige der jeweiligen Minderheiten in den Schulen oder Abteilungen für Minderheiten zuzulassen. Natürlich wurde mit dieser Maßnahme versucht, das kulturelle Monopol der Minderheiten aus den ehemals dominierenden Ethnien zu brechen, deren Sprache und Kultur über den Raum der jeweiligen Nationalitäten hinausreichten. Die Juden beispielsweise hatten sich in Transsilvanien magyari-

19 *Anuarul statistic al României, 1939 şi 1940*. S. auch ATTILA (2011).

siert und in der Bukowina germanisiert. Nun durften sie keine ungarische Schule besuchen, da sie Juden und nicht Ungarn waren. So tauchen alle jüdischen Schüler des Gojdu-Gymnasiums in Oradea in der rumänischen Abteilung auf, obwohl es eine ungarische gab und sie auch aus kulturell ungarisch-geprägten Familien stammten. Auch den teilweise magyarisierten Deutschen (Schwaben) aus Bihor und Satu Mare wurde bei ihrer Germanisierung geholfen. Nachdem sie von der deutschen in die ungarische Schule gewechselt waren, kehrten sie nun in die deutsche Schule zurück. Valeriu Braniște formulierte den denkwürdigen Satz: „Wir wollen die Schwaben nicht rumänisieren, wir wollen sie germanisieren" (KRÄUTER 1929: 646). Natürlich war man der Auffassung, dass auch die magyarisierten Rumänen wieder zu Rumänen werden mussten. Manchmal entschied man ganz einfach nach dem Namen. Ein rumänisch wirkender Name schien zu genügen, um den Besuch einer ungarischen Schule zu verweigern.[20] In der Tat gab es unter den Ungarn Personen verschiedener, mehr oder weniger weitläufiger Abstammung, was sie nicht daran gehindert hatte, Ungarn zu werden. Richtig wäre es gewesen, jedem Einzelnen die Möglichkeit zu geben, über seine eigene Identität selbst zu entscheiden.

Eine absolute Zentralisierungs- und Uniformierungspolitik wird jedes Mal während einer liberalen Regierungsperiode umgesetzt. Im Grunde ist die Verfassung von 1923 mit ihrer Formulierung des „einheitlichen Nationalstaats" ein Werk der Nationalliberalen Partei. In Bildungsangelegenheiten fällt die Rolle, die Spiru Haret vor dem Ersten Weltkrieg spielte, nun Constantin Angelescu, dem Mi-

20 Alexandru PTEANCU (1929): „Învățământul particular și minoritar din Transilvania", in: *Transilvania, Banatul, Crișana, Maramureșul, 1918–1928*, vol. 2, 1123: „ Neben der Muttersprache und der Religion ist der Name ein sehr wichtiges Dokument für die Feststellung der Herkunft, vor allem, wenn es sich um einen fremden Namen handelt und man weiß, dass während der ungarischen Herrschaft viele Fremde ungarische Namen annahmen."

nister für Öffentliche Bildung in allen liberalen Regierungen von 1918 bis 1937 zu.

Das wahrhaft sensationelle Rundschreiben des Ministers für Öffentliche Bildung vom Februar 1923, das an alle staatlichen Schulen in Bessarabien gerichtet war, belegt, dass in den vier Jahren seit der Vereinigung die Lehrer genug Zeit hatten, Rumänisch zu lernen, dazu hatte es auch entsprechende Sommerkurse gegeben. Folglich habe

kein Lehrer, Erzieher, Gymnasialprofessor oder Meister jeder Art mehr die russische Sprache zu benutzen, sondern nur noch das Rumänische, und zwar als Unterrichtssprache, im Gespräch mit den Schülern, im Lehrerzimmer und in der ganzen Schule. Russisch darf nur noch mit den Eltern von Schülern gesprochen werden, und zwar nur dann, wenn diese nicht Rumänisch können.

Zum Schluss wurde noch präzisiert, dass „jede Abweichung von dieser Bestimmung streng bestraft werden wird".[21]

In Transsilvanien hätte man schwerlich soweit gehen können. Bessarabien schien aber ein geeignetes Versuchsgelände zu sein!

In der Realität war die Lage etwas komplizierter als in den Rundbriefen des Ministers. Noch etwa Mitte der dreißiger Jahre zeigen einige Berichte recht widersprüchliche Verhältnisse. In Transsilvanien oder in Bessarabien gibt es Lehrer, die Rumänisch gut gelernt haben, und solche, die es gar nicht gelernt haben, genauso wenig wie ihre Schüler. „Das staatliche Grundschulsystem im Kreis Odorhei", wird aus einem solchen Bericht an den Minister ersichtlich, „liegt in den Händen der ungarischen Lehrer, die die

21 Arhivele Naționale ale României, Ministerul Cultelor și Instrucțiunii Publice, 232/1923, f. 32.

absolute Mehrheit der Lehrerschaft im Grundschulbereich bilden" und „das Magyarisierungswerk fortsetzen".[22]

Es werden Listen über Listen mit Lehrern erstellt, die kein gutes Rumänisch sprechen und deswegen erneut Prüfungen ablegen müssen. Mitunter widersprechen die Berichte einander; schwer zu sagen, inwieweit sie die genaue Sachlage wiedergeben, oder ob hier nicht auch unterschiedliche Maßstäbe der Inspektoren eine Rolle spielen. Und während es in den Kreisen Orhei und Soroca keine Lehrer gibt, die nicht Rumänisch können, gab es sie sehr wohl in den Kreisen Ismail und Cahul (die Listen nennen 49 bzw. 10 Lehrer);[23] wie werden sie wohl den berühmten Rundbrief von 1923 umgesetzt haben?

Die Bilanz der Rumänisierung durch die Schule (und zur Rumänisierung im Allgemeinen), die im August 1935 vom Bildungsministerium gezogen wurde, drückt tiefe Enttäuschung aus.[24] Man habe nicht genug getan, die Situation habe sich viel zu wenig verändert und – gleichsam als Gipfel des Misserfolgs – es gebe Gebiete, in denen die Entnationalisierung der Rumänen sogar noch fortschreite statt sich umzukehren: „Die Bevölkerung entfremdet sich, und das nach 16 Jahren Arbeit seit der Vereinigung". Der Schwerpunkt wird auf Transsilvanien gelegt, aber mit dem Hinweis, dass „das Bildungsministerium sich gleichermaßen um die entnationalisierten Regionen der Bukowina, Bessarabiens und der Dobrudscha sowie um die Regionen Transsilvaniens bemüht". Und es hagelt nur so an Beispielen entnationalisierter Rumänen, ja ganzer Gemein-

22 Arhivele Naţionale ale României, Ministerul Cultelor şi Instrucţiunii Publice, 249/1934, f. 29.

23 Arhivele Naţionale ale României, Ministerul Cultelor şi Instrucţiunii Publice, 90/1934, ff. 221–223.

24 Biblioteca Academiei Române, Manuskripte, Archiv Constantin Angelescu, II ms. 8.

schaften (im Kreis Mureş 87 Gemeinden mit solchen Familien, davon 16 Gemeinden mit über 50 Familien; im Kreis Odorhei 148 Gemeinden, davon 46 mit über 50 Familien usw.). Die „Entnationalisierten" werden wiederum in zwei Kategorien unterteilt: Die Einen haben ihre Sprache vergessen, sind sich aber ihrer Herkunft bewusst und gehören weiterhin einer der rumänischen Konfessionen (entweder orthodox oder griechisch-katholisch) an, und die Anderen, die sich ihrer Herkunft nicht mehr bewusst sind und der ungarischen Kirche angehören. (Im Gegensatz zur Logik von 1935 würde man heute sagen, dass diese Personen schlicht und einfach Ungarn sind!) Das Ministerium denkt sich auch ein Aktionsprogramm aus: Errichtung neuer rumänischer Grundschulen und von Kirchen – vor allem im Szeklerland –, Besetzung von Verwaltungsstellen mit „entnationalisierten Rumänen", Programm zur Kolonisierung sowie die Ansiedlung von rumänischen Kaufleuten und Industriellen aus anderen Regionen … Unterdessen wird am 19. November 1935 im Haus der Schulen eine Konferenz zu diesem Thema organisiert. Zu den Teilnehmern zählt auch der Direktor des Zentralinstituts für Statistik, Sabin Manuilă, ein hervorragender Experte, aber auch ein siebenbürgischer Nationalist. Es gebe zwei verschiedene Regionen und zwei verschiedene Probleme, sagt er: die Westgrenze und die Szekler. Die müssten auch unterschiedlich behandelt werden. „Das Problem der Westgrenze ist ihre Säuberung auf einer Länge von 100 Kilometern, und das kann nur durch die Entfernung des ungarischen Elements erfolgen." Dieses Gebiet muss kolonisiert werden, nicht zuletzt durch einen Bevölkerungsaustausch, indem man Rumänen aus Ungarn holt. Das klingt brutal, zumindest aus heutiger Perspektive besorgniserregend: Säuberung, Entfernung … (zumal man ja weiß, wohin derartige Anweisungen führen sollten). Andererseits, fährt Manuilă fort:

Die Einstellung gegenüber den Szeklern sollte versöhnlicher sein, denn sie wird, da sie mehr zum Rumänischen zu neigen scheinen, mit deren Zustimmung naturgemäß zu einer allmählichen Assimilierung führen. Es bedarf keiner Aggressionspolitik, sondern einer friedlichen Assimilierung.

Wie auch immer, Entfernung oder Assimilierung, die Ungarn haben zu verschwinden. Doch zwischen Wort und Tat gibt es viel Raum; der Umgang mit Ungarn sollte sich anders entwickeln. Für den Moment blieb der Misserfolg der Rumänisierungspolitik offensichtlich.

Um die Szekler entwickelt sich in jener Zeit eine ganze Mythologie. Demnach wären viele von ihnen gar keine Szekler, sondern ihrer Herkunft nach Rumänen, also „szeklerisierte" Rumänen. Selbst der Historiker Nicolae Iorga mit seiner Autorität unterstützt diese These in seiner Arbeit von 1936 *Inceputurile şi motivele deznaţionalizării in secuime* [Anfänge und Gründe der Entnationalisierung bei den Szeklern]. Es gibt eine ganze Bibliografie zu diesem Thema. Als Spezialist tut sich G. Popa-Lisseanu hervor, der ansonsten für die Herausgabe einer Sammlung mittelalterlicher Quellen zur rumänischen Geschichte bekannt ist; hier verfasst er ein Werk mit dem Titel *Originea secuilor şi secuizarea românilor* [Die Herkunft der Szekler und die Szeklerisierung der Rumänen], in dem er zahlreiche Belege auflistet und sogar zur „Analyse des Blutes" aufruft. Ähnlich verfährt man im Fall der Ruthenen in der Bukowina, die gewissermaßen als „ruthenisierte Rumänen" betrachtet werden.

Auch die Presse ist ein guter Indikator für das Gewicht und die Ausdauer der Minderheitenkulturen. Im Jahr 1920 gab es in Transsilvanien 82 Zeitungen und Zeitschriften in ungarischer, 50 in rumänischer und 36 in deutscher Sprache. Im Jahr 1929 rückte die rumänische Presse mit 236 Titeln auf den ersten Platz, wobei auch die Zahlen der ungarischen und die der deutschen Publikationen stiegen (auf 189 bzw. 70 Titel).[25]

Man merkt sofort, dass die Minderheiten unterschiedlich betrachtet wurden. In Transsilvanien galten die Ungarn eindeutig als Feinde. Einen besseren Stand hatten die Deutschen, denen man inzwischen die frühere Arroganz verziehen hatte (lange Zeit durften Rumänen nicht in sächsische Städte), sicher aufgrund ihrer anerkannten kulturellen Bedeutung und ihrer Rolle als ausgleichendes Element zwischen Rumänen und Ungarn. Die Deutschen der Bukowina und Bessarabiens waren besser angesehen als die Russen und die Ruthenen (was sich auch in der Schulpolitik beobachten ließ, die gegenüber den Deutschen deutlich milder war, auch wenn diese ebenfalls die allmähliche Rumänisierung ihrer Schulen beklagten). In der Dobrudscha, vor allem aber in der Süddobrudscha, blieben die Bulgaren die Hauptgegner. Den Türken hingegen brachte man mehr Sympathien entgegen; denn ohne sie als Ausgleichsfaktor hätte es womöglich in der Süddobrudscha eine bulgarische Mehrheit gegeben.

Die Juden sind ein besonderer Fall. Ihnen warf man aus Sicht der Nationalisten vor, über einen wichtigen Teil der rumänischen Wirtschaft zu verfügen sowie einen wachsenden ideologischen Einfluss. Im Gegensatz zu den anderen in der rumänischen Gesellschaft nicht hinreichend integrierten Minderheitengruppen konnte man ihnen (zumindest denen aus dem Altreich) eine besonders ausgeprägte Integration „vorwerfen“: Sie sprachen rumänisch, gingen mit ihren rumänischen Mitbürgern unvoreingenommen um und waren zu wichtigen Meinungsführern geworden, zumal sie

25 *Anuarul general al României Mari*, 1920–1921, vol. I; Bucuța, vol. II, 1929: 1291–1304; Attila (2011): 13.

auch einen wichtigen Teil der Presse kontrollierten (etwa die Gruppe *Adevărul/Dimineața* [Die Wahrheit/Der Morgen]). Während innerhalb der intellektuellen Elite rumänischen Ursprungs die nationalistische Rechte ein Übergewicht hatte, war die Mehrheit der jüdischen Intellektuellen linksorientiert, auch kommunistisch, und sie beförderten eine kosmopolitische Kultur. Sie hätten also die Auflösung der Einheit der rumänischen Gesellschaft vorantreiben können. Für sie kündigten sich harte Zeiten an.

2.4 Rumänen und Rumänen

Die rumänische Geschichtsschreibung übersieht gerne regionale Unterschiede; sie ist noch immer ziemlich stark von einem hartnäckigen Mythos der „Einheit" durchdrungen. Es ist eine Art Aberglaube: Bloß nicht Rumänien fragmentieren, nicht einmal, wenn es um die Vergangenheit geht! Im Jahr 1918 waren die Unterschiede groß, nicht nur zwischen den Rumänen und den Minderheiten, sondern auch zwischen Rumänen und Rumänen. Man versuchte ja gewissermaßen, auch die Rumänen in den angeschlossenen Gebieten zu „rumänisieren", um sie an das Profil des Altreiches anzupassen.[26] In der Tat waren die rumänischen Intellektuellen in Bessara-

26 Die schwierige Integration der neu angeschlossenen Gebiete stellt eine Problematik dar, die in der Regel außerhalb Rumäniens untersucht wird! S. hierzu: LIVEZEANU, Irina (1998): *Cultură și naționalism in România Mare, 1918–1930.* Bucuresti: Humanitas (der Titel der amerikanischen Ausgabe ist noch deutlicher: *Regionalism, Nation Building and Ethnic Struggle, 1918–1930.* Ithaca, N.Y./London: Cornell University Press, 1995). Zu Bessarabien s. BASCIANI, Alberto (2005): *La difficile unione. La Bessarabia e la Grande Romania, 1918–1940.* Roma: Aracne, (2. Auflage, 2007). Zur Bukowina s. HAUSLEITNER, Mariana (2001): *Die Rumänisierung der Bukowina. Die Durchsetzung des nationalstaatlichen Anspruchs Großrumäniens, 1918–1944.* München: Oldenbourg. Zu Siebenbürgen s. KÜHRER-WIELACH, Florian (2014): *Siebenbürgen ohne Siebenbürger? Zentralstaatliche Integration und politischer Regionalismus nach dem Ersten*

bien im Großen und Ganzen russifiziert; und was die Transsilvanier angeht, so fühlten sie sich, auch wenn sie eine unangetastete rumänische Identität bewahrt hatten, dem Geist Mitteleuropas näher als dem „Balkanismus" auf der anderen Seite der Karpaten. Alle hatten sich die Vereinigung gewünscht, doch nicht alle hatten diese Art Rumänien gewollt. Sie hatten wenigstens vor der ausgeprägten institutionellen und kulturellen Harmonisierung gehofft, eine wenn schon nicht weitgehende Autonomie, so doch wenigstens einen hohen Grad an administrativer Dezentralisierung zu erhalten. Sie hatten ebenso das Minimum an politischem Anstand erwartet, an den Entscheidungen über die Neuorganisation des Landes auch beteiligt zu werden. Doch dem war ganz und gar nicht so. In Bessarabien löste sich der Landesrat im November 1918 auf, womit die kurze Phase der Autonomie der Provinz zu Ende war. Im Jahr 1920 löste die Regierung Averescu unerwartet und ohne jede Rechtfertigung die provisorische Regierung von Transsilvanien auf; damit endete die „Selbstverwaltung" Transsilvaniens. 1923 wurde die neue Verfassung von einem liberalen Parlament beschlossen, ohne dass sich die anderen Parteien, einschließlich der „Regionalparteien", dazu hätten äußern können. Viele Einwohner des Altreichs, und nicht immer nur die kompetentesten und ehrlichsten, wechselten in die neuen Provinzen, in die verschiedenen staatlichen Einrichtungen: eine rumänische Verwaltung also, die nicht unbedingt Begeisterung hervorrief!

Doch hierzu zwei bedeutsame Dokumente: Sechs Jahre nach der Vereinigung (im Jahr 1924 also) verfasste eine um Pantelimon Halippa gescharte Gruppe von Senatoren und Abgeordneten – die Mehrheit der bessarabischen Volksvertreter – ein Memorandum von beachtlicher Schärfe mit dem Ziel, „auf die verzweifelte Lage

Weltkrieg. München: De Gruyter Oldenbourg.

der Provinz“[27] aufmerksam zu machen. Beklagt wird ein „gewaltsames Regime der Unterdrückung“, das von Willkür und Terror gekennzeichnet ist. „Seit sechs Jahren wird Bessarabien auf eine Art und Weise geführt, mit der nicht mal die schwarzen Kolonien in Afrika regiert werden.“ Die Schlussfolgerung: „Das heutige Regime in Bessarabien kann nicht fortbestehen, Bessarabien kann und will es nicht mehr hinnehmen“.

So handeln rumänische Patrioten, nicht etwa Rumänien-Gegner. Der politische Kontext ist dabei keineswegs unwichtig, denn das geschah zu dem Zeitpunkt, da Oppositionspolitiker sich darin übertrumpften, die „Tyrannei“ der machthabenden Liberalen anzuprangern. Aber auch jenseits dessen, was vielleicht auf das Konto von Opportunismus und Übertreibung gehört, bleibt unstrittig, dass die Verwaltung reichlich inkompetent ist und ziemlichen Missbrauch treibt. Bessarabien wurde in empörendem Ausmaß mit Geringschätzung behandelt, wo es doch von allen rumänischen Provinzen auf der untersten sozialen und kulturellen Stufe stand (hier konnte man sich ja auch auf die bolschewistische Gefahr berufen, die durchaus sehr real war, wenn man die Nähe der Sowjetunion und ihre territorialen Ansprüche bedenkt).

Das zweite Dokument ist das Memorandum der Rumänen Transsilvaniens (Siebenbürgen, Banat, Crişana, Satu Mare, Maramureş), das dem König, S. M. Carol II, am 15. Dezember 1938 vorgelegt wurde.[28]

27 Arhivele Naţionale ale României, Fond Pantelimon Halippa, Mappe 116.

28 Der Text des *Memorandums* und der des Anhangs (sowie noch andere erklärende Dokumente) in: Arhiva Consiliului Naţional pentru Studierea Arhivelor Securităţii, Fond Consiliul Securităţii Statului, D 006912, 212–217, 221–271 und 283–303. Das Dokument wurde 2001 von Sabin GHERMAN unter dem Titel Iuliu Maniu, *Patria de lux. Memorandul românilor din Transilvania*, herausgegeben.

Unterzeichnet haben es Iuliu Maniu und weitere 50 bedeutende Mitglieder der Nationalen Bauernpartei, allesamt Siebenbürger und Banater. Die vorrangige Zielscheibe des Memorandums war die Königsdiktatur, mit der man hart ins Gericht ging. Der zweite Teil aber fokussierte auf Transsilvanien und prangerte an, wie die Region innerhalb eines übermäßig zentralisierten Rumäniens behandelt wurde (Klagen und Vorwürfe wurden in einem Anhang von „Überlegungen und Anmerkungen" detailliert dargelegt). Nach der Auflösung der provisorischen Regierung hätten die nachfolgenden Regierungen

> *... politische und administrative Stellen mit Elementen besetzt, die mit den lokalen Gegebenheiten nicht vertraut und den Bürgern dieser Gegenden fremd waren ... Skrupellose Ausbeutungsmethoden, eine unaufhörliche Jagd nach immer mehr Reichtum sowie Sittenlosigkeit und schreiende Korruption haben das öffentliche Bewusstsein der ganzen Provinz verdorben, die einst von gesunder Moral bis zur Austerität gekennzeichnet war. Abgesehen von der kurzen Regierungszeit der Bauernpartei wurden Siebenbürgen und das Banat in eine Atmosphäre getaucht, die ihrer Lebensweise vollkommen widerspricht.*

Eine Folge dieser Entwicklungen sei der ökonomische Niedergang, der vor allem die Rumänen betraf. „Wir haben das rumänische Element geschwächt und dabei die Minderheiten gestärkt und haben uns außerdem den Ruf eingehandelt, wir hätten sie verfolgt." Eine massive Diskriminierung bei der Besetzung öffentlicher Stellen lässt sich in Zahlen belegen: „Siebenbürger und Banater werden dabei systematisch nicht berücksichtigt, und das nicht nur in Bezug auf das ganze Land Landes, sondern sogar auch innerhalb der entsprechenden Provinzen". Es gab unzählige Beispiele dafür: Am Kassationsgericht und beim Obersten Zivilgericht waren von 94 Richtern nur 9 Siebenbürger und Banater; im Legislativrat 4 von 35; im diplomatischen Corps waren es 18 von 197; im Finanzministerium waren es nur 6 von 137 Beamten etc. Aber selbst in Transsilvanien und im Banat stammten nur 278 Richter von dort, während 439 aus dem Altreich gekommen waren. Ein ähnlicher Eindruck von „Kolonisierung" wie in Bessarabien, wenn auch weniger gefährlich.

Die königliche Diktatur wurde beschuldigt, die Zentralisierung noch weiter getrieben zu haben: „Siebenbürgen und das Banat machen den Eindruck von besetzten Gebieten". „Heute stammt das ganze Personal der zentralen Bukarester Institutionen, die in Siebenbürgen und im Banat agieren, aus dem Altreich", inklusive der 23 Obersten, die zu Kreispräfekten ernannt wurden.

Doch auch hier muss man den Zusammenhang berücksichtigen. In jenem Jahr 1938 fühlten sich Iuliu Maniu und seine Anhänger von der politischen Szene verdrängt und marginalisiert. Eine gewisse Übertreibung der „Ungerechtigkeiten" lässt sich konstatieren, das Wesentliche aber bleibt: Weder Transsilvanien noch Bessarabien (letzteres noch stärker) wurden „gleichberechtigt" mit dem Altreich behandelt. Muss noch gesagt werden, dass der König sich weigerte, die Verfasser des Memorandums zu empfangen (genauso wie Franz Joseph im Jahr 1892)?

Eine Überprüfung anhand anderer Quellen ist leicht möglich, es mangelt nicht an Texten, die eine ähnliche Perspektive liefern. Selbst ein siebenbürgischer Liberaler (eine recht seltene Spezies) wie Emil Dandea, Abgeordneter und Bürgermeister von Târgu-Mureş, distanzierte sich von der eigenen Partei, die noch an der Macht war, als er im Herbst des Jahres 1928 die „Beschwerden Siebenbürgens" in seiner Rede in der Abgeordnetenkammer schildert.[29] Dandea kritisiert, wie später auch Maniu, die „Schwemme" ausgemusterter Personen aus dem Altreich: „Unfähige Offiziere oder pensionierte Beamte, Personen, die aus der Politik oder von anderen Posten verdrängt wurden – das passt uns nicht". Seine Beispiele aus dem Kreis Mureş zeigen deutlich, dass die Angehörigen der Minderheiten durch ihre anerkannte Minderheitenlage paradoxerweise besser geschützt waren als die Rumänen aus Transsilvanien, denen gegenüber man Rumänen aus dem Altreich bevorzugte: Somit waren von 41 Richtern und Staatsanwälten 23 aus dem Altreich, 11 waren Angehörige der Minderheiten und nur 7 transsilvanische Rumänen.

Da Rumänien aus ungleichen Teilen zusammengesetzt war, wurde ein Homogenisierungsprozess in Gang gesetzt, der die Verschmelzung seiner Bestandteile bewirken sollte. Spannungen zwischen dem „zentralisierenden" Zentrum und den Provinzen, die ihre Identität innerhalb der rumänischen Einheit bewahren wollten, waren unvermeidbar. Die Sorge des „Zentrums", der Regionalismus könne Separatismus nach sich ziehen, erwies sich als haltlos. Nicht fehlende Einheit, sondern die Eingriffe von außen führten zu den territorialen Verlusten von 1940.

2.5 Auf dem Weg zur ethnischen Säuberung?

Am Ende der Zwischenkriegszeit – also zwei Jahrzehnte nach der Entstehung Großrumäniens – hatten die Rumänen, oder zumindest die Nationalisten, die sich um diese Frage sorgten, das Gefühl, die

29 „Nemulţumirile Ardealului şi chestiunea minoritară", Reden Emil Dandeas in der Abgeordnetenkammer (am 31. Oktober und am 1. November 1928), in: MIRCEA, Mihail Artimon (Hg.) (1995): *Un om pentru Târgu-Mureş: Emil A. Dandea*, Târgu-Mureş: Fundaţia Culturală „Vasile Netea", 87–161.

Rumänisierungspolitik sei gescheitert. Die Minderheiten hatten kaum an Gewicht eingebüßt. Sie bildeten immer noch die Mehrheit in den Städten der angeschlossenen Gebiete und verfügten weiterhin über einen großen Teil des Nationalvermögens. Manch einer sah sie geradezu im Aufschwung. Die rumänischen Verantwortungsträger seien ganz und gar blind, meinte Mircea Eliade. Merkten sie denn nicht, wie die Serben im Banat, die Ungarn in Transsilvanien, die Ukrainer in der Bukowina und in Bessarabien, die Bulgaren in der Dobrudscha und die Juden in einem großen Teil des Landes stärker würden? (ELIADE 1937: 3). Ob wahr oder nicht – in den interethnischen Beziehungen zählt letztendlich weniger die Realität als die Wahrnehmung.

Mit dem Aufstieg der nationalistischen Ideologien und des totalitären Regimes (insbesondere des Nazismus) erlebt das ethnizistische Konzept der Nation in weiten Teilen Europas einen erheblichen Aufschwung. Die Überzeugung verbreitet sich, dass die Minderheiten sich nicht assimilieren ließen, sondern wie fremde Körper innerhalb der Nation bestehen blieben. Mit anderen Worten: Die ethnische Reinheit der Nation verlangte nach der „Entfernung" von Personen „anderen Blutes".

Eine naheliegende Lösung schien der Bevölkerungsaustausch zu sein (GHERASIM 1943). Griechenland und die Türkei hatten das klassische Modell geliefert, als nach dem griechisch-türkischen Krieg von 1921–1922, der für Griechenland so verheerend ausgegangen war, 1923 (ein paar Monate vor der Unterzeichnung des Friedensvertrages von Lausanne) die Konvention von Lausanne unterzeichnet wurde. Insgesamt verließen 1.342.356 Griechen die Türkei (viele bereits vor der Unterzeichnung des Vertrages), während 354.647 Türken von Griechenland in die Türkei umgesiedelt wurden (Konstantinopel und West-Thrakien waren von der vertraglich festgelegten Regelung ausgenommen). Den höheren Verlust hatten die Griechen hinzunehmen, die bis dahin an mehreren Abschnitten der kleinasiatischen Küste die Mehrheit gebildet hatten.

Bevor Rumänien jedoch der Logik einer ethnischen Säuberung folgen konnte, wurde das Land zum Gegenstand fremder Entscheidungen. Zunächst ging es um die Dobrudscha-Türken: Hier gab es keinen Bevölkerungsaustausch, sondern einen einseitigen Transfer (der außerdem freiwillig war: es wanderten nur die aus, die dies auch wollten), der in der rumänisch-türkischen Konvention vom 4. September 1936 festgelegt wurde. Die Initiative kam von türkischer Seite, denn aus Sicht der Rumänen waren es nicht die Türken, die man zuerst loswerden wollte (im Gegenteil: sie waren besser gelitten im Sinne der Herstellung eines ethnischen Gleichgewichtes). Infolgedessen sollten aus der Dobrudscha (einschließlich der Süddobrudscha) 117.000 Türken auswandern; die für die damalige Zeit zur Verfügung stehenden Daten aus dem Jahr 1943 zeigten, dass bis dahin 70.000 Muslime (Türken und Tataren) ausgewandert waren, die meisten aus der Süddobrudscha, wo sie zahlreicher waren. Genauere Daten aus den vorhergehenden Jahren, bis einschließlich 1938, ergeben die Zahl von 51.859 Muslimen (davon 46.305 Türken und 5.554 Tataren), die das Land verlassen hatten. Davon stammten 5.194 Türken und 4.572 Tataren (ein Viertel der muslimischen Bevölkerung) aus den beiden Kreisen Constanţa und Tulcea, die weiterhin zu Rumänien gehörten (MANUILĂ 1939: 151–156).

Zwischen 1939 und 1940 hatte Deutschland die ethnischen Deutschen aus jenen Gebieten, die unter russische Verwaltung gelangt waren oder im Sinne des Hitler-Stalin-Paktes (Ribbentrop-Molotow-Pakt) noch gelangen sollten, ins Reich geholt: 12.000 aus Estland und Lettland, 45.000 aus Litauen, 135.000 aus dem sowjetisch besetzten Teil Polens. Im Herbst des Jahres 1940 folgte der Transfer von 93.000 Deutschen aus Bessarabien (inzwischen von der Sowjetunion annektiert) und gleichzeitig der Deutschen aus der Nordbukowina (etwa 44.000). Am 22. Oktober 1940 schloss Deutschland ein Abkommen mit der rumänischen Regierung zur Repatriierung der deutschen Bevölkerung aus der Südbukowina und der Dobrudscha. Etwa 55.000 Deutsche verließen daraufhin die rumänisch gebliebene Bukowina und 14.500 die Dobrudscha. Die wichtigsten Gebiete deutscher Kolonisten auf rumänischem Territorium – Transsilvanien (Sachsen) und das Banat (Schwaben) – waren also von diesen Maßnahmen zur ethnischen Neuordnung überhaupt nicht betroffen.

Die Abtretung der Süddobrudscha an Bulgarien entsprechend dem Vertrag von Craiova vom 7. September 1940 bedeutete auch die Teilnahme Rumäniens an der Praxis des Bevölkerungsaustauschs. Zur Ironie der Geschichte gehört, dass es kurz zuvor den Vorschlag eines Bevölkerungstauschs gegeben hatte, nämlich die Bulgaren aus der Süddobrudscha zu evakuieren und die rumänische Minderheit aus Bulgarien dort anzusiedeln (BRĂTESCU 1938: 201). Und nun passierte es genau umgekehrt und zum Nachteil der Rumänen. Die Rumänen wurden aus der Süddobrudscha ausgesiedelt, etwas über 100.000 Personen; im Gegenzug wanderten etwas mehr als 60.000 Bulgaren aus der Dobrudscha nach Bulgarien aus. Die Auswanderungen waren nun nicht mehr freiwillig. Der Austausch erfolgte zwangsweise und auf persönliche Belange wurde keinerlei Rücksicht mehr genommen. Innerhalb kürzester Zeit wurde die Dobrudscha drastisch rumänisiert und verlor größtenteils ihre ethnische Vielfalt, die doch jahrhundertelang ihr konstitutives Element gewesen war: Die Bulgaren waren verschwunden, auch Deutsche, Türken und Tataren gab es nur noch wenige.

Infolge der Abtretung Bessarabiens und der Nordbukowina (entsprechend dem sowjetischen Ultimatum vom 26. Juni 1940) hatte Rumänien inzwischen circa zwei Millionen Rumänen verloren sowie eine erhebliche Zahl an Minderheitenangehörigen, vor allem Ukrainer, Russen und Juden. Zahlreiche Bessarabier, vor allem Intellektuelle, fanden Zuflucht in Rumänien; andere Intellektuelle wiederum, vor allem jüngere mit eher „autochthonistischen" Positionen, blieben lieber an Ort und Stelle, was ein weiterer Beleg für den Misserfolg des rumänischen Staates in dieser Provinz war (aber auch eine naive Unterschätzung der Gefahren, die diese jungen Leute in einem totalitären Staat erwarteten, im Vergleich zur oft beschimpften rumänischen Verwaltung, die demgegenüber ein geradezu „ideales Regime" darstellte; mancher dieser Intellektuellen landete ohne viel Federlesen in Sibirien) (NEGURĂ 2014).

Am 30. August 1940 wurde in Folge des deutsch-italienischen Schiedsspruchs der nordwestliche Teil Transsilvaniens und damit etwa 43% der gesamten Region an Ungarn abgetreten. Diese Teilung war geschickt angelegt, um den größten Teil der ungarischen Bevölkerung (fast eine Million von 1,5 Millionen) kompakt zu erhalten, doch auch so blieben die Rumänen in dem von Ungarn annektierten Gebiet zahlenmäßig den Ungarn überlegen. Die rumänischen Quellen geben einen Anteil von 50,2% Rumänen, 37,1% Ungarn, 5,7% Juden und 2,8% Deutschen an. (Freilich war die Zahl der Rumänen ständig gestiegen: Nach der Volkszählung im Jahr 1930 lag das Verhältnis bei 48,7% Rumänen, 42% Ungarn und 4,2% Juden. Die Ungarn beriefen sich lieber auf die eigene Volkszählung aus dem Jahr 1910, die 51,4% Ungarn – streng genommen nur Ungarischsprecher – und nur 42,2% Rumänen verzeichnete.)[30] Eine erhebliche Zahl von Rumänen ging aus dem an Ungarn abgetrete-

30 Was die demografisch „schwankenden" Daten zu Nordtranssilvanien angeht, siehe auch die wichtige sowjetische Dokumentensammlung jener Zeit: *Problema transilvană. Disputa teritorială româno-maghiară și URSS, 1940–1946. Documente din arhivele rusești*, Redakt. Onufrie VINȚELER & Diana TETEAN, hg. von Tofik M. ISLAMOV & Tatiana A. POKIVAILOVA. Cluj-Napoca: Eikon, 2014, bes. 93, 198, 258–259.

nen Gebiet nach Rumänien; bis zum 1. Januar 1943 sind das 195.000 (DRAGOŞ 1943: 111, Annex 31). (Dadurch hatten die Ungarn alle Chancen, die Mehrheit zu stellen!)

In dem nunmehr amputierten Rumänien wurde im April 1941 eine neue Volkszählung durchgeführt.[31] Die Gesamtbevölkerung betrug nun 13.535.757 Einwohner. Der Anteil der Rumänen war deutlich gestiegen, und zwar auf 87,4% (als Folge des Verlustes der Regionen mit einem bedeutenden Minderheitenanteil). Die Ungarn erzielten 3% (wenig über 400.000), die Deutschen 4% (542.000). Die anderen Minderheiten sind mit 5,6% in der Rubrik „Andere" zu finden, eine Vereinfachung mit offensichtlich ideologischer – besser gesagt: antisemitischer – Motivation, um die Juden, die einen wichtigen Teil dieser Rubrik ausmachten, nicht explizit nennen zu müssen. Tatsächlich betrug die Zahl der Juden circa 302.000, und damit stellten sie einen Anteil von 2,2% der Bevölkerung (vor der territorialen Abtrennung lag die Zahl jüdischer Einwohner bei 765.000 Personen; mehr als die Hälfte von ihnen wohnte in Bessarabien, der Nordbukowina und in Nordsiebenbürgen).

Während die Minderheiten in den besetzten Gebieten brutalen Angriffen und Diskriminierungen unterworfen waren, verhielten sich auch die Rumänen – oder richtiger formuliert: der rumänische Staat und seine Einrichtungen während des Antonescu-Regimes – nicht besser den Minderheiten gegenüber, die in ihrem Einflussbereich geblieben waren. Ethnische Säuberungen wurden in Rumänien zur Staatspolitik und gleichzeitig zu einem Langzeitprojekt. Die Hauptopfer waren die Juden, da sie von einer antisemitischen Gesetzgebung betroffen waren, die gegen Ende der Regierungszeit Carols II., am 9. August 1940, in Kraft trat, und mit der sie von den

31 *Recensământul general al României din 6 aprilie 1941. Date sumare provizorii,* Bucureşti: Institutul Central de Statistică, 1944.

staatlichen Institutionen sowie von vielen weiteren Ämtern und Funktionen ausgeschlossen wurden. Die Zielscheibe waren vor allem die Juden aus Bessarabien und der Nordbukowina (die Rumänien bei Kriegseintritt gegen die Sowjetunion sofort zurückerhielt), denen geschlossen vorgeworfen wurde, mit dem sowjetischen Eindringling paktiert zu haben. Die Zahl der Ermordeten bei Massenhinrichtungen oder in den transnistrischen Lagern wird auf mindestens 120.000 bis maximal 270.000 geschätzt. Die meisten Juden aus Nordtranssilvanien (über 100.000 Personen), die den ungarischen Autoritäten unterstanden, fanden ihr Ende in den Vernichtungslagern. Eine unbekannte Zahl an Juden aus Bessarabien und der Bukowina konnte sich hingegen retten, indem sie sich der Sowjetarmee während des Rückzugs anschlossen. Eine vom Jüdischen Weltkongress und den jüdischen Gemeinden durchgeführte Untersuchung schätzte die Zahl der im Jahr 1946 in Rumänien lebenden Juden auf 428.000. Zu Beginn des Jahres 1940 hatte ihre Zahl noch ca. 765.000 betragen. Fast die Hälfte war also umgekommen (vgl. CAJAL & KULLER ²2004: 148, 159–160; IOANID 1998).[32]

Auch Zigeuner wurden nach Transnistrien deportiert; circa 25.000 (etwa 10% ihrer Gesamtzahl) wurden dorthin verschleppt. Die Hälfte der Deportierten kam ums Leben. Insgesamt aber behielten die Zigeuner ihre Bürgerrechte; viele von ihnen kämpften an der Front, wie die Rumänen. Die Verfolgung richtete sich besonders gegen die nomadisierenden Zigeuner und gegen jene, die für eine soziale Gefahr gehalten wurden (ACHIM 1998: 136–148).

32 Siehe dazu die Tabelle zur jüdischen Bevölkerung in *Contribuţia evreilor din România la cultură şi civilizaţie,* hg. von Nicolae CAJAL & Hary KULLER). Bucureşti: Editura Hasefer, ²2004, 148, 159–160. Für eine bessere Übersicht siehe: IOANID, Radu (1998): *Evreii sub regimul Antonescu.* Bucureşti: Editura Hasefer.

Die Regierung Antonescu schuf ein Unterstaatssekretariat für „Rumänisierung und Kolonisierung". Unter wirtschaftlichem Aspekt erfolgte die Rumänisierung vor allem durch die Plünderung jüdischen Vermögens. Die Kolonisierung hatte hoch gesteckte Ziele: Wie es Unterstaatssekretär Titus Dragoş ausdrückte, ging es um nicht mehr und nicht weniger als um „eine zweite Befestigung entlang der geographischen und historischen Grenzen durch von Rumänen besiedelte Gebiete – wie mit einer lebendigen, undurchlässigen Mauer" (DRAGOŞ 1943: 3). Der Chef der „Rumänisierung", Titus Dragoş, übernahm im Grunde die Worte von Marschall Antonescu:

> *An den Grenzen möchte ich, wie einst Stefan der Große, Kolonisten ansiedeln, als eine Garantie der Landesgrenzen. Unsere Grenzen sollten von Rumänen aus Oltenien, aus Teleorman, aus Gorj verstärkt werden, es müssen Rumänen sein, die sich im Kampf gegen die Schwierigkeiten des Lebens als tapfer und widerstandsfähig erwiesen haben* (CIUCĂ, vol. VI, 2002: 320).

(Endlich einmal wurden die tüchtigsten Rumänen genannt! Zu den Siebenbürgern und Bukowinern äußerte sich der Marschall oft weniger schmeichelhaft.) Die Kolonisierungsmaßnahmen beschränkten sich aber schließlich nur auf die Ansiedlung einiger Flüchtlinge aus der Süddobrudscha in der Bukowina und in Bessarabien.

Was wäre aber passiert, wenn die Ereignisse nicht den Lauf genommen hätten, der sich für Deutschland und seinen Verbündeten Rumänien als so ungünstig erwies? Wahrscheinlich wäre sowohl die Rumänisierung als auch die Evakuierung der „Anderen" viel weiter gegangen. So oder so hätte sich Rumänien seiner Juden – also derer, die in der ersten Phase „verschont" geblieben waren –

„entledigt". Es ging aber nicht nur um die Juden. Antonescu hatte seine Absicht, die Ukrainer aus Bessarabien und der Bukowina auszuweisen, eindeutig geäußert, wobei man darauf bedacht sein müsse, die „reinen" Ukrainer nicht mit den ruthenisierten Rumänen in einen Topf zu werfen:

> *Wir müssen uns sehr anstrengen, unsere entfremdeten Rumänen in den Schoß zurückzuführen. Das Werk der Rumänisierung in den letzten 20 Jahren war teilweise durchaus erfolgreich, besonders für die ruthenisierten Rumänen. Lasst uns so weiterarbeiten, und wenn sich die Frage nach der Säuberung der Bukowina von den Ukrainern stellt, so dürfen wir dann nicht den Fehler machen, aus dieser Provinz auch die slawisierten Rumänen auszuweisen. Dasselbe gilt auch für den Nord- und Südteil Bessarabiens. Nur die Fremden und nicht die ‚entfremdeten' Rumänen sollten ausgewiesen werden* (CIUCĂ, vol. V, 2001: 464).

Und Transsilvanien? Antonescu hoffte auf eine Rückgewinnung. Aber er wusste selbst nicht wie. Seiner Auffassung nach wäre es eher zu einer gegenseitigen ethnischen Säuberung gekommen, eventuell durch einen Bevölkerungsaustausch zwischen der bei Rumänien verbliebenen Hälfte und derjenigen, die an Ungarn fiel. Die eine Hälfte wäre einfach ungarisch geworden, die andere komplett rumänisch.

Auch die deutsche Bevölkerung erlitt infolge des Krieges massive Verluste (BOLOVAN, S. & BOLOVAN, I. 2000: 69–75). Manche Deutsche (um die 70.000) gingen in die Wehrmacht; wenige von ihnen kehrten nach Rumänien zurück. Andere flohen 1944 vor dem Vormarsch der Roten Armee und gelangten ebenfalls nach Deutschland. Die in Transsilvanien und dem Banat verbliebenen

Deutschen waren der Deportation in die Sowjetunion ausgesetzt: Deren erste „Welle“ fand im Januar 1945 statt und betraf 70.000 Personen, die streng nach dem Kriterium der deutschen Nationalität „ausgewählt“ wurden; 15 bis 20% der Deportierten starben in den Arbeitslagern; der Rest wurde repatriiert, einige in Rumänien, andere in Deutschland. Nach dem Krieg, so die Daten von 1948, lebten in Rumänien noch 332.000 ethnische Deutsche, fast alle in Transsilvanien und im Banat; um 1930 waren es 745.000 Deutsche in ganz Rumänien gewesen, davon 544.000 in Transsilvanien und im Banat.

Die Rückgabe Nordsiebenbürgens an Rumänien, was aus rumänischer Sicht ein reiner Akt der Gerechtigkeit ist, war eine Entscheidung, auf die sich die Siegermächte erst nach langem Zögern einigen konnten.[33] Tatsache ist aber, dass nicht nur die Rumänen, sondern auch die Ungarn ein Anrecht auf Transsilvanien geltend machen können, wenn man sich einmal von vereinfachenden Sichten verabschiedet. Die rumänischen Argumente (im Wesentlichen ist es die höhere Anzahl von Rumänen) sind zwar gewichtiger, haben aber keinen Ausschließlichkeitscharakter. Und hier lag auch der Kern des Problems: Soll alles an Rumänien zurückgegeben oder eine Kompromisslösung gefunden werden, durch die auch die Ungarn etwas bekommen – gewissermaßen proportional zum Anteil und Gewicht seiner „Anrechte“? Zu Beginn des Sommers 1944 hatten sich die Sowjets – sowohl mit Rumänien als auch mit Ungarn im Krieg – noch nicht entschieden, welche Lösung sie unterstützen würden. Sie hielten die Rückführung ganz Transsilvaniens nach Ungarn nicht für akzeptabel, nicht einmal den Verbleib Nordtranssilvaniens innerhalb von dessen Grenzen. So blieben zwei Lösungen, zwischen denen die Politiker aus Moskau noch schwank-

33 Für Dokumente dazu s. ISLAMOV & POKIVAILOVA (2014).

ten: Rückgabe Transsilvaniens an Rumänien oder die Bildung eines unabhängigen Staates Transsilvanien. Die Entscheidung fiel zugunsten der Wiederherstellung der Grenzen, wie sie im Vertrag von Trianon von 1920 festgelegt worden waren. Für Rumänien fiel ins Gewicht, dass das Land seine Waffen am 23. August 1944 gegen Deutschland gekehrt hatte, die Einsetzung einer prosowjetischen Regierung am 6. März 1945 sowie die Tatsache, dass sich Rumänien mit dem Wiedergewinnung Nordtranssilvaniens leichter mit der endgültigen Zurückweisung seiner Ansprüche auf Bessarabien und die Bukowina abfinden würde. Auf der anderen Seite plädierten die westlichen Alliierten, die Vereinigten Staaten und Großbritannien, bis zum Abschluss der Friedensverträge für die Einrichtung einer Grenze, die auch der ungarischen Seite etwas entgegenkommen würde. Der ungarischen Regierung war klar, dass sie keine Chance auf den Erhalt des gesamten 1940 besetzten Gebietes hat, so dass sie ihre Ansprüche zunächst auf eine Fläche von 22.000 km^2 herunterschraubte und letztendlich in der kleinsten Version einen Streifen von 4.000 km^2 verlangte – was als Wiederherstellung der alten Grenzen dargestellt wurde. Damit wären Satu Mare, Carei, Oradea, Salonta und Arad an Ungarn abzutreten gewesen. Letztendlich erhielt Rumänien durch den Pariser Friedensvertrag vom Februar 1947 ganz Transsilvanien.

3 Kommunismus und Postkommunismus

Spiel der Extreme: vom „Internationalismus" zum Nationalismus – Industrialisierung und Auswanderung – Abschottung: Rumänisierung der Rumänen – Ein sehr rumänisches Rumänien – Werden die Ungarn Siebenbürgen mitnehmen? – Das rumänische Bessarabien oder die moldauische Republik Moldau? – Das Phänomen Johannis

3.1 Das Spiel der Extreme: vom „Internationalismus" zum Nationalismus

Die Volkszählung, die gleich zu Beginn der kommunistischen Ära, am 25. Januar 1948, durchgeführt wird, bildet ein etwas kleineres Rumänien ab, das jedoch deutlich rumänischer ist als es Großrumänien in der Zwischenkriegszeit war (GOLOPENŢIA & GEORGESCU 1948). Das Land zählt nun insgesamt 15.872.624 Einwohner. Nach der Nationalität wird dieses Mal nicht gefragt; nur nach den gesprochenen Sprachen. Die 13.597.613 Rumänischsprecher machen einen Anteil von 85,7% der Bevölkerung aus (im Vergleich zu 71,9% Rumänen im Jahr 1930 und 73% Rumänischsprechern). Die Zahl der Ungarn erreicht 1.499.851 (9,4%), die der Deutschen 343.913 (2,2%). Die Juden werden nur dann separat aufgeführt, wenn sie sich als Jiddischsprecher bezeichnen: 138.795 (0,9%). Ihre tatsächliche Zahl wurde, wie bereits erwähnt, im Jahr 1947 auf 428.000 geschätzt.

Die Strategen der Volkszählung hatten sich offensichtlich vorgenommen, die „ethnische" Fragmentierung Rumäniens zu umgehen und sich mit der Aufzeichnung der sprachlichen Varietät zufrieden zu geben, die ideologisch und emotional weniger aufgeladen war. Im Übrigen hielt man das nationale Problem im Sinne einer vollkommenen Gleichheit für gelöst – so war es zumindest vom Marxismus-Leninismus vorgeschrieben. Die meisten Juden erschienen ohnehin aufgrund ihrer Sprache als Rumänen, ohne eigene Nationalität; im Übrigen war jüdische Identität schon immer eine Frage der Religion gewesen; ein kommunistischer Jude, der also nichtreligiös oder religiös im kommunistischen Sinne war, wurde einfach zu einem Kommunisten (dabei sei angemerkt, dass bei der nächsten Volkszählung im Jahre 1956 die Erhebung wieder nach ethnischen Kriterien erfolgte).

Der Kommunismus stellte die Verhältnisse im früheren Rumänien auf den Kopf. In einem ersten Schritt verkehrte sich das Verhältnis zwischen der rumänischen Nation und den Minderheiten. Nie zuvor und auch später niemals wieder hatten die Minderheiten, oder besser, manche ihrer Mitglieder, so viel zu sagen wie in den ersten Jahren des Kommunismus. Das gilt vor allem für die Juden und die Ungarn. In der Symbolik jener Zeit vor 1952 steht Gheorghe Gheorghiu-Dej, der rumänische kommunistische Führer, neben der Jüdin Ana Pauker und dem Ungarn Vasile Luca. Ein paar Jahre später drehte sich das Blatt und die Rumänen mussten, nachdem sie die stärkste antinationalistische Variante des Kommunismus erlebt hatten, nun die nationalistischste Variante kennenlernen; wohl um nichts zu versäumen, was ihnen ein solches Regime bieten konnte.

Auf den ersten Blick sind das fragwürdige Entwicklungen, die aber vollkommen erklärlich sind. In der winzigen Kommunistischen Partei vor 1944 waren nur wenige Rumänen; Ungarn, Juden und andere Minderheitenangehörige waren zahlenmäßig viel mehr. Für die Letztgenannten war die kommunistische Option ein Weg, ihre Unzufriedenheit mit dem rumänischen Nationalismus auszudrücken oder sogar den Traum eines Großrumäniens platzen zu lassen. Obwohl die Zahl der Parteimitglieder ab August 1944 erheblich gestiegen war, bestand der innerste Kreis noch immer aus den alten Kommunisten mit vorwiegend „nicht-rumänischen" Wurzeln. Die Sowjets orientierten in die gleiche Richtung: entschlossen gegen die autochthonen nationalistischen Instinkte vorzugehen. Die Minderheiten waren einer solchen Häresie unverdächtig. Es verwundert also nicht, dass die neue Geschichte der Rumänen, die nicht einmal mehr so heißt, sondern zur Geschichte der Rumänischen Volksrepublik wird, zum „Dirigenten" Mihail Roller[34] hat, der nicht nur den Vorzug hat, kein ethnischer Rumäne zu sein, sondern auch den, kein Historiker zu sein.

Die Tatsache, dass so viele Angehörige der Minderheiten im politischen Apparat der Unterdrückung und Propaganda leitende oder ausführende Positionen innehatten, bedeutet nicht, dass Juden oder Ungarn ihrerseits dem Kommunismus gegenüber aufgeschlossener gewesen wären als die ethnischen Rumänen. Für manche Juden und Ungarn stellte dies aber die unverhoffte Gelegenheit dar, in eine Spitzenposition zu gelangen. Zur selben Zeit fühlten sich viele Juden beispielsweise von der zionistischen Bewegung angezogen und eine weitaus größere Zahl verlässt das Land in Richtung Israel und zeigt keinerlei Interesse an der rumänischen Propaganda, die sie davon zu überzeugen suchte, nirgendwo sei es besser als in Rumänien.

34 Mihai Roller war der Leiter einer Historikergruppe, die das sog. marxistisch-leninistische Geschichtslehrbuch *Istoria României; manual unic pentru clasa a VIII-a secundară*, 1947 herausgab (Anm. L. Schippel).

Der Gewinn, den die Minderheiten damals verbuchten, war jedoch gering im Vergleich zum möglichen und schließlich auch zum realen Verlust in einem Regime der Willkür, das jederzeit einen beliebigen Kurswechsel vollziehen konnte, und zwar ohne sich groß um Rechtfertigungen und Finessen zu scheren. So etwa bekamen die Ungarn 1945 wie als Ausgleich dafür, Transsilvanien zum zweiten Mal verloren zu haben, in Cluj eine eigene Hochschuleinrichtung, die Bolyai-Universität, geschenkt. Im Jahr 1952 wurde (nach dem Vorbild der sowjetischen autonomen Regionen) in dem von den Szeklern besiedelten Teil Transsilvaniens mit kompakter ungarischsprachiger Bevölkerung die „Ungarische Autonome Region" gegründet (wie autonom sie in einem totalitären Regime sein konnte, ist noch eine andere Frage). Nach den Daten von 1956 waren von den 731.387 Einwohnern jener Region 565.510 Ungarn (also 77,3% von der Gesamtheit, was jedoch nur ein Drittel der ungarischen Bevölkerung Rumäniens ist) (BOTTONI 2009: 259–289). Wie gewonnen, so zerronnen: Im Jahr 1958 wurde die Bolyai-Universität mit der rumänischen Universität, die in der Zwischenkriegszeit König-Ferdinand-I.-Universität hieß und in kommunistischer Zeit zur Victor-Babeş-Universität wurde, zusammengelegt; die ungarische Abteilung der Babeş-Bolyai-Universität wurde immer unbedeutender. Die Ungarische Autonome Region wurde 1960 ebenfalls „aufgelöst", indem man einen Streifen von ihr abtrennte und ihr als Ausgleich einige Rayons mit rumänischer Mehrheit hinzufügte. Die Region überlebte wie alle anderen noch bis 1966, als die neue Verwaltungsgliederung zum traditionellen System der Kreise [rum. *judeţ*] zurückkehrte.

Der radikale Kurswechsel, vom Antinationalismus zum nicht weniger radikalen Nationalismus, war eine logische Entwicklung. Zuerst wurde die Kommunistische Partei (zwischen 1948 und 1966 Rumänische Arbeiterpartei und danach erneut Rumänische Kommunistische Partei genannt) stufenweise rumänisiert, auch auf der Ebene der Parteiführung. Die Führung landete komplett in den Händen der Kommunisten des inneren Kreises mit ihrem einheimischen kulturellen Hintergrund, soviel sie eben davon besaß (also nicht allzu viel), weit entfernt vom „Internationalismus" jener Personen, die sich mit den Ideen der Kommunistischen Internationale von Moskau identifiziert hatten. Hinzu kam, dass auch den Rumänen wenigstens etwas geboten werden musste (außer dem Versprechen einer „strahlenden Zukunft"). Mehr Freiheit? Das wäre riskant gewesen. Blieb also als Lösung, die nationale Symbolik wiederzubeleben. Die einzige Freiheit, die die Rumänen zurückbekommen sollten, bestand darin, wieder nationalistisch zu werden (verboten blieb allerdings auch weiterhin das Wort „Nationalismus", wegen seiner negativen Konnotation in der ursprünglichen kommunistischen Ideologie).

Im Jahr 1958 gelang Gheorghiu-Dej ein Meisterstück: der Abzug der sowjetischen Truppen aus Rumänien. Damit war die Möglichkeit einer unabhängigeren rumänischen Politik gegeben. Der 24. Januar 1959 war eine Premiere für das kommunistische Rumänien: Man beging den 100. Jahrestag der Vereinigung der Donaufürstentümer mit vielen Veranstaltungen (wobei die Vereinigung noch kurz zuvor – entsprechend dem Lehrbuch Rollers – als das Werk der Bourgeoisie und der Feudalherren galt, die ausschließlich ihre Klasseninteressen verfolgt hatten). Danach wurde allmählich der größte Teil der nationalen Geschichte und der kulturellen Tradition wiedergewonnen, allerdings nicht irgendwie, sondern instrumentalisiert im Dienste des kommunistischen Projektes. Im April 1964 folgte die berühmte „Unabhängigkeitserklärung", in der die rumänischen Kommunisten sich für frei in ihren Entscheidungen erklärten. Damit war der Weg frei in Richtung einer „rein rumänischen" Politik, sowohl im Inneren als auch nach außen, die ihren Höhepunkt in der „Ära Nicolae Ceaușescu“ (von 1965 bis 1989) erreichte.

Zum Schlüsselwort sollte die *Einheit* werden. Zwanghaft versuchte man, eine so fragmentierte Geschichte wie die des rumänischen Volkes an die strenge Form einer beispielhaften Einheit anzupassen. Den Minderheiten blieb bestenfalls noch die Rolle eines schmückenden Beiwerks, um auf diese Weise beim großen Festival der rumänischen Einheit dabei zu sein. In den 80er Jahren war es bereits verboten, Regionalgeschichte separat zu behandeln. Im besten Fall verbarg sich ein Buch über das Banat unter dem Titel *Die Rumänen im Südwesten des Landes* [rum. *Românii din sud-vestul țării*]. Selbst die Meteorologie musste sich dem unterwerfen: Es konnte nicht mehr in der Moldau regnen, und wenn das doch passierte, dann hatte es im Nordosten des Landes zu regnen.

Weil man die Juden im Lande an den Fingern abzählen konnte und die Deutschen auf gepackten Koffern saßen, waren die Ungarn in jenen Jahren die wichtigste und kämpferischste Minderheit. Sogar ihre Vertreter in der Parteiführung stellten verschiedene Forderungen, wenn auch vorsichtig und kaum beachtet. Eigentlich waren die Würfel ja bereits in den letzten Jahren der Regierung Gheorghiu-Dej gefallen. Ein Dokument vom 22. Februar 1962 gab die ungarische Sicht wieder und listete eine Reihe von Beschwerden auf. Es begann mit der allgemeinen Feststellung, wonach sich die Situation der ungarischen Ethnie ab 1958 kontinuierlich verschlechtert habe. Über ihre Rechte zu sprechen werde als unangemessen betrachtet. Die ungarischen Behörden- und Amtsleiter werden einer nach dem anderem ausgewechselt. Der Präsident und der Vizepräsident des Volksrates in Târgu-Mureș (Ungarische Autonome Region) waren noch Ungarn, doch die meisten Staatsanwälte, Richter und Militärkommandanten Rumänen. Seit 1945 hatten sich in Târgu-Mureș um die 20.000 Rumänen niedergelassen.

Der Rumänisierungsprozess wird immer intensiver. An der Babeş-Bolyai-Universität müssen die ungarischen Dozenten auf Rumänisch unterrichten; nur in der Fakultät für ungarische Philologie werden die Kurse noch auf Ungarisch gehalten … (ANDREESCU et al., vol. II, 2003: 720–722).

Mitte der 60er Jahre hatten nur noch wenige Ungarn (oder Juden) Stellen inne, die man ihnen gegen Ende der 40er und zu Beginn der 50er Jahre so großzügig zugewiesen hatte (und die Situation entwickelte sich auch weiterhin nicht zu ihren Gunsten).

3.2 Industrialisierung und Auswanderung

Ironischerweise schaffte es der Kommunismus – eine Doktrin des „Internationalismus", die in Rumänien unablässig die gleichen Rechte aller Nationalitäten forderte –, den Prozess der Rumänisierung noch weiter zu treiben als es Rumänien in der Zwischenkriegszeit oder gar die nationalistische Rechte während der Kriegsjahre vermocht hatte. Sicher verfügte das kommunistische Regime über stärkere Druckmittel als jedes andere politische System. Die Abschaffung des Grundbesitzes hatte die Selbstbestimmung des Individuums und der Gruppen entscheidend verletzt. Der Staat fing in seinem Spinnennetz das ganze wirtschaftliche, soziale und kulturelle Leben ein. Die Verstaatlichung der Wirtschaft hatte jene Überlegenheit beseitigt, die sich manche Minderheiten während der Zwischenkriegszeit in Industrie, Handel und im Bankwesen erhalten hatten. Die Kirchen der Minderheiten – wie im Übrigen auch die Orthodoxe Kirche – hatten ihr Vermögen und damit auch ihre soziokulturellen Handlungsmöglichkeiten verloren. Das konfessionelle Bildungswesen war ebenso wie das private in allen seinen Formen verschwunden. Vor dem Kommunismus konnten Ungarn,

Deutsche und Juden, die die staatlichen Schulen nicht mochten, ihre eigenen Bildungseinrichtungen besuchen. Nun blieb nur noch die stark ideologisierte und vereinheitlichende staatliche Bildung (selbst wenn sie in den Minderheitensprachen erfolgte).

Die Uniformisierung prägte das Leben der Menschen ein halbes Jahrhundert lang, wobei Rumänen und Minderheiten unter annähernd den gleichen Bedingungen lebten. Wenn nicht alle rumänisch fühlten, so lebten sie doch rumänisch. Die gleichen Lebensbedingungen und die Vermischung der Bevölkerung milderten die regionalen Unterschiede, die in der Zwischenkriegszeit noch sehr lebendig waren. Dies hatte Folgen auch für die Rumänen, nicht nur für die Minderheiten. Transsilvanien liefert dafür ein tristes Beispiel: Ein klares Unterscheidungsmerkmal der Siebenbürger Rumänen war die Griechisch-Katholische (Unierte) Kirche. Sie wurde 1948 für illegal erklärt; die Priester und Bischöfe wurden festgenommen und die Gläubigen gezwungen, zumindest formell zum orthodoxen Glauben zurückzukehren. Nach dem Ende des Kommunismus wieder gegründet, versammelte die Griechisch-Katholische Kirche nur noch eine kleine Zahl von Getreuen, so dass die „Unierten“ heute landesweit lediglich 0,8% (im Vergleich zu 7,9% im Jahr 1930) ausmachen. Transsilvanien ist also heute grundlegend orthodox, wie jede andere Region des Landes.

Zwei entscheidende Faktoren vollendeten die Auflösung der Minderheitengemeinschaften: die Industrialisierung und die Urbanisierung auf der einen Seite und die Auswanderung auf der anderen.

Das Wundermittel, mit dem man im Kommunismus meinte, alle Probleme lösen zu können, war die beschleunigte und massive Industrialisierung: die Umwandlung Rumäniens von einem ausgeprägten Agrarland in eine industrielle Großmacht. Der Schwerpunkt der rumänischen Gesellschaft verlagerte sich vom Dorf in die

Stadt; ein umfassender Urbanisierungsprozess fand statt. Bevölkerungsmassen aus den umliegenden Dörfern, aber auch aus anderen Kreisen oder sogar aus weit entfernten Regionen ergossen sich in die Städte. Sie kamen aus der Moldau oder Oltenien nach Transsilvanien, Siebenbürgen und ins Banat. Da die Dörfer stärker rumänisch waren als die Städte und die Provinzen des alten Rumänien rumänischer als Transsilvanien, war die intensive Rumänisierung der Städte, in denen die Deutschen und Ungarn in Transsilvanien und im Banat bis zum Kommunismus dominiert hatten, die natürliche Folge.[35]

Im Jahr 1966 lebten in den Städten des Kreises Bihor 100.145 Rumänen und 87.748 Ungarn; im Jahr 1992 war die Zahl der Rumänen auf 196.257 gestiegen gegenüber 108.712 Ungarn. Im Kreis Cluj lebten im Jahr 1966 im gesamten städtischen Raum 202.054 Rumänen und 106.362 Ungarn, im Jahr 1992 hingegen betrug deren Zahl 385.915 beziehungsweise 100.020. Im Kreis Mureş stellten die Ungarn, die im Jahr 1966 in den Städten noch die Mehrheit gebildet hatten (mit 105.325 gegenüber 88.092 Rumänen), nun ebenfalls eine Minderheit (127.492 gegenüber 170.595 Rumänen) dar.

Ein großer Teil der Bevölkerung träumte jahrzehntelang von der Auswanderung: Rumänien verlassen, nie wieder von dem Land hören! Von der furchtbaren Repression in den ersten Jahren des Kommunismus bis zu den unvorstellbaren materiellen Nöten der letzten Jahre gab es unzählige Gründe. Bei offenen Grenzen hätte

35 Die demografischen Daten in diesem Kapitel stammen aus den Volkszählungen der Jahre 1956, 1977, 1992 und 2002: *Recensământul populaţiei din 26 februarie 1956*, vol. III, Bucureşti, 1961; *Recensământul populaţiei şi locuinţelor din 15 martie 1966*, vol. I, Bucureşti, 1968; *Recensământul populaţiei şi al locuinţelor din 5 ianuarie 1977*, vol. I, Bucureşti, 1980; *Recensământul populaţiei şi locuinţelor din 7 ianuarie 1992. Structura etnică şi confesională a populaţiei*, Bucureşti, 1995; *Recensământul populaţiei şi al locuinţelor, 18 martie 2002*, vol. I, Bucureşti, 2003.

der Kommunismus keine Chance auf ein Überleben gehabt: Er hätte seine Bevölkerung verloren. (Deswegen war auch die Berliner Mauer 1961 gebaut worden: Durch Berlin, vom Osten in Richtung Westen, leerte sich die Deutsche Demokratische Republik rasch. Und 1989 kündigte sich das Ende durch die Öffnung der Grenze zwischen Ungarn und Österreich an.) Aber auch so gelangte eine beachtliche Zahl von Rumänen in den Westen, angefangen bei denen, die bei einem illegalen Grenzübertritt ihr Leben riskierten oder nach einem begrenzten Aufenthalt nicht zurückkamen, bis zu jenen, denen eine „Familienzusammenführung" gelang. Diesen Vorteil genossen besonders die Minderheiten, soweit sie Herkunftsländer oder zumindest „Gast-Länder" hatten, die bereit waren, sie aufzunehmen oder gar für ihre „Befreiung" zu zahlen. Was für den Einzelnen einen Vorteil darstellte, erwies sich für die Gruppen als Unglück: Diese verloren ihre Mitglieder, manche verschwanden vollständig, sodass die Wirkung der eines Genozids glich (es starben keine Menschen, sondern es verschwanden Ethnien).

Die erste große Auswanderungswelle war jene der Juden, die sich von der Errichtung eines eigenen Staates, Israel, im Jahr 1948 angezogen fühlten. Ihre Auswanderungsquoten stiegen just zu dem Zeitpunkt, als sie in der öffentlichen Wahrnehmung in Rumänien gerade an der Macht waren! (CAJAL & KULLER ^{2}2004: 164) Um die 25.000 Juden wanderten im Jahr 1948 nach Israel aus; 1949 waren es 13.602, 1950 – 46.171 und 39.046 im Jahr 1951. Innerhalb von nur vier Jahren war das mehr als ein Viertel der jüdischen Bevölkerung. In den folgenden Jahren, 1953 bis 1957, schlossen sich die Grenzen auch für die Juden. Erst im Jahr 1958 setzte sich die Auswanderung mit jährlich etwa 10.000 Juden fort, mit einigen Spitzen von 20.800 im Jahr 1961 und von 24.244 im Jahr 1964. Im Jahr 1956 stellten die Juden nur noch 0,8% der Bevölkerung des Landes (im Vergleich zu 4% im Jahr 1930), 1966 waren es sogar nur noch

0,2% (42.900) und 1977 reichlich 0,1% (24.700). Die Auswanderungen hielten in den nächsten Jahren noch an, jedoch mit geringeren Zahlen, da das Reservoir fast ausgetrocknet war. Am Ende der kommunistischen Ära blieben entsprechend der Volkszählung von 1992 nur noch 8.955 Juden übrig. Das Ende einer Gemeinschaft, das Ende einer Geschichte!

Rumänien zählte im Jahr 1966 noch 382.595 Deutsche, die einen Anteil von 2% (371.881 in Transsilvanien) ausmachten und bis zum Jahr 1977 auf 348.444 leicht zurückgingen. Am Ende des Krieges hatten sie in den alten deutschen Städten schon ihre Mehrheit verloren (1956 gibt es 24.253 Deutsche in Sibiu bei einer Gesamteinwohnerzahl von 90.475; von 142.257 Einwohnern in Timişoara waren nur noch 24.326 Deutsche). Die Zahl der Auswanderer nach Westdeutschland in den Jahren von 1945 bis 1979 wird auf circa 100.000 Deutsche geschätzt (Familienzusammenführungen oder Rückkehr der Deportierten aus der Sowjetunion ...). Im Jahr 1978 wurde ein Abkommen zwischen der Bundesrepublik Deutschland und Rumänien geschlossen, wonach das Ceauşescu-Regime die Auswanderung der Deutschen im Tausch gegen ökonomische Hilfe und konkret in Form eines Geldbetrages für jeden Auswanderer ermöglichte. Sie wurden also schlicht und einfach verkauft und gekauft. Von 1977 bis 1989 verließen jährlich circa 12.000 Deutsche Rumänien; die Gesamtzahl betrug nach Schätzungen 173.000 Personen. Wer es bis dahin nicht geschafft hatte, tat es gleich nach der Dezemberrevolution von 1989, als sich die Grenzen öffneten. Im Jahr 1990 verließen etwa 60.000 Deutsche das Land. Im Jahr 1991 waren es 15.567. Der Volkszählung von 1992 zufolge gab es noch 119.000 ethnische Deutsche in Rumänien, eine Zahl, die in den Folgejahren weiterhin stetig sinken sollte. Zwei Ethnien, die Sachsen und die Schwaben (beides natürlich deutsche Gruppen, aber sehr unterschiedlich und schon jahrhundertelang in Transsilvanien und im Banat ansässig), verschwanden nahezu vollständig (BOLOVAN, S. & BOLOVAN, I. 2000: 78–80).

Das Phänomen der Auswanderung erfasste gegen Ende der kommunistischen Ära auch die ungarische Bevölkerung. Die schwer zu ertragenden Lebensbedingungen stellten auch in ihrem Fall den Hauptgrund für ihre „Flucht aus Rumänien" dar. Hinzu kamen die Spannungen in den rumänisch-ungarischen Beziehungen, die in den 80er Jahren durch die zunehmenden Kontroversen zwischen Bukarest und Budapest um Transsilvanien entstanden. Die Ungarn fühlten sich zunehmend „fremd" in Rumänien. Ungarn zählte im Jahr 1987 2.087 Einwanderer aus Rumänien; ihre Zahl erhöhte sich 1988 sprunghaft auf 17.818 und 1989 auf 26.605. Die Statistik erfasst allerdings die Staatsbürgerschaft und nicht die Ethnie; doch fast alle rumänischen Bürger (circa 95%), die nach Ungarn geflüchtet waren, waren ethnische Ungarn (KISS 2009: 173–174). Wie auch im Falle der Deutschen kommt diese Auswanderungswelle mit dem Fall des kommunistischen Regimes nicht zum Erliegen. Die Rumänen und die Ungarn nehmen in den ersten Jahren nach 1989 gegnerische Positionen ein, die sich auch in den blutigen Auseinandersetzungen in Târgu Mureş im März 1990 zeigen. Im Jahr 1990 werden mit 29.617 Personen die meisten Auswanderungen nach Ungarn verzeichnet. Im Jahr 1991 sind es 10.940. Später stabilisieren sich die Zahlen und pendeln sich bei einigen Tausend im Jahr – maximal 10.000 – pro Jahr ein. Insgesamt wird die Zahl der Auswanderer im Zeitraum von 1987 bis 1992 auf 100.000 Ungarn geschätzt, wobei die ungarischen Statistiken für die Zeitspanne 1987–2004 180.000 Personen angeben (hinzu kommt eine nicht angegebene Zahl illegaler Einwanderer und Arbeiter).

Die Geburtenrate der ungarischen Bevölkerung war niedriger als die der rumänischen. Wenn man eine niedrige Geburtenbilanz mit der massiven Auswanderung in Verbindung setzt, so verwundert die deutlich gesunkene Zahl der Ungarn in Rumänien nicht – gerade wenn man die brutale Geburtenpolitik (das Abtreibungsverbot aus dem Jahr 1966) bedenkt, durch die die Zahl der Rumänen deutlich anstieg. 1977 betrug die Zahl der Ungarn 1.670.568; 1992 war sie auf 1.624.959 gesunken, während sich die Zahl der ethnischen Rumänen von 19.207.491 auf 20.408.542 Personen erhöht hatte. Im Jahr 2002 war der Rückgang noch offensichtlicher: Die Zahl von 19.399.597 ethnischen Rumänen (niedriger als das Niveau von 1990, als Folge der deutlich niedrigeren Geburtenrate) stand der niedrigen Zahl von 1.431.807 Ungarn (Verluste über 200.000) gegenüber.

Landesweit gesehen illustrieren diese Zahlen, wie die ungarische Bevölkerung von Jahr zu Jahr „dahinschmilzt“. Im Jahr 1930 machten die Ungarn 10% der Bevölkerung des damaligen Rumänien aus; im Jahr 1956 waren davon noch 9,1% übrig, im Jahr 1966 8,5%, 1977 7,7%, 1992 7,1% und 2002 6,6%.

3.3 Abschottung: die Rumänisierung der Rumänen

Das Ziel des Kommunismus ging über die Rumänisierung Rumäniens (im ethnischen Sinne) hinaus; er strebte auch die Rumänisierung der Rumänen an (im kulturellen Sinne) und das gelang ihm auch einigermaßen. Jahrhundertelang hatte sich die rumänische Elite sehr offen für fremde kulturelle Einflüsse gezeigt. Ein rumänisches Kulturmodell hat es nicht gegeben und konnte es auch nicht geben, denn der autochthone Hintergrund einer ländlichen Kultur konnte kein Ensemble kultureller und sozialer Normen erhalten. Von Byzanz bis zum Westen hatten die Rumänen stets europäische

Modelle übernommen, teilweise etwas oberflächlich, aber immer mit einer beachtlichen Fähigkeit zur Nachahmung und Integration.

Zunächst löste sich das kommunistische Rumänien vom Westen und öffnete sich gegenüber dem sowjetischen Modell, das so gut wie möglich übernommen wurde. Später distanzierte man sich davon und ging gewisse, vor allem wirtschaftliche aber auch vage kulturelle Beziehungen mit der westlichen Welt ein. Die Bemühungen der Behörden zielten darauf ab, die staatlichen Interessen dabei weitgehend zu umgehen und zugleich die Rumänen vor fremden Einflüssen, gleich welcher Herkunft und Natur, zu bewahren. Kein europäisches Land aus dem „sozialistischen System" (mit Ausnahme Albaniens) war derart abgeschottet wie Rumänien (und das umso stärker gegen Ende des Regimes).

Generation um Generation wurde im Geiste eines primitiven Nationalismus erzogen, unter Förderung einer Geschichtsschreibung, der zufolge die Rumänen immer im Recht waren und das „Unrecht" immer bei den „Anderen" lag; die Geschichte einer „verdächtigen" Einheit, die sich auf rumänischem Gebiet mit einem seit ältester Vorzeit vorbestimmten Schicksal abspielte, eine Geschichte, die das Einstimmigkeitszeichen eines solidarischen Volkes trug (was auch die einhellige Zustimmung zum Führer [rum. *Conducător*] erklärte, der mit 100% der Wählerstimmen gewählt und wiedergewählt wurde – mehr sogar als die Partei, die allgemein bei 99% blieb).

Eine derartige ideologische Verformung des nationalen Schicksals rief auch Gegenreaktionen hervor. Dennoch hat sich gar nicht so wenig aus diesem Diskurs im Kopf der Rumänen festgesetzt, vor allem weil darin alte nationalistische Auffassungen (aus der Zeit der Gründung des modernen Rumänien) wieder Eingang fanden, die zugleich eine willkommene Revanche für den „antinationalen" Kurs vom Beginn der 50er Jahre darstellten.

Das „Ausland“ war zu einer diffusen Vorstellung von einer Welt geworden, die in der Lage sei, einen um den Verstand zu bringen, und vor der sich die Rumänen hüten müssten. „Fremde Spione“ waren natürlich im Einsatz gegen Rumänien. Es war nicht ratsam, „Verwandte im Ausland“ zu haben. In den Personalakten gab es dazu obligatorisch eine entsprechende Rubrik. In den 70er und 80er Jahren genügte so ein „Fleck“, um als verdächtig zu gelten und um die eigene Karriere fürchten zu müssen (immerhin ein Fortschritt zu den 50ern, als „Verwandte im Ausland“ schon eine Empfehlung für eine Inhaftierung waren). Das ging sogar soweit, dass an mehreren Fakultäten mit „sozialpolitischem Profil“ (Geschichte, Philosophie, Recht) Bewerber, die Verwandte im Ausland hatten, gleich bei der Bewerbung ohne Angabe von Gründen abgelehnt wurden.

Kurzum, es kam zu einer *Abschottung* Rumäniens. Für die Herausbildung von Eliten waren die Folgen fatal. Die einstige kosmopolitische Elite, die für die rumänische Gesellschaft einst so prägend war, war nun fast vollkommen verschwunden. Die neue (ökonomische, politische, intellektuelle) Elite, die größtenteils aus den unteren Schichten der Gesellschaft hervorging, hatte schlechte Voraussetzungen. Zunächst einmal waren ihre Ausgangsbedingungen nicht sonderlich gut. Hinzu kam der Mangel an einheimischen Anhaltspunkten, denn die alte Elite mit ihren Kompetenzen und Werten hatte sich aufgelöst. Und schließlich kam die Entfernung von den europäischen Bezugspunkten hinzu. (Persönliche Erfolge spielten keine Rolle, obwohl doch gerade sie die Ausnahme von der Regel bilden, die Regel allerdings nicht ändern können.) Die vorkommunistische rumänische Elite war noch ganz und gar dem europäischen Profil verpflichtet gewesen. (Im Unterschied zu den Volksmassen, aus denen sich diese neue Elite nun speiste!) Selbst die jungen nationalistischen Intellektuellen der

30er Jahre wie Mircea Eliade oder Emil Cioran hatten eine hervorragende, kulturell westlich geprägte Bildung. Nach 1989 war die fehlende Passfähigkeit hingegen verblüffend. Die Rumänen brauchten einige Zeit – und werden noch eine Weile brauchen –, um zu lernen, was es im westlichen Sinne des Wortes heißt, Europäer zu sein. Gleich nach der Wende schienen viele Menschen von einem anderen Stern zu kommen. Damit lassen sich auch so ausgefallene Ideen und Projekte erklären, wie zum Beispiel das Konzept der „originellen Demokratie" (und in der Tat wird sich die rumänische Demokratie als originell erweisen). Der lokale Nationalismus hielt sich jahrelang in erschreckendem Ausmaß (und wird nach rumänischer Norm jedoch für „politisch korrekt" gehalten) und er wird auch heute noch hinreichend artikuliert. Auch der historische Diskurs löst sich nur schwer von der im Kommunismus geprägten Rolle, ein Hilfsmittel der nationalen Ideologie und Propaganda zu sein. Ganz zu schweigen vom Vorgehen demokratischer oder marktwirtschaftlich-kapitalistischer Einrichtungen mit ihren im Kommunismus – zumal in einem abgeschotteten Kommunismus, wie es der rumänische war – geschulten „Fachleuten". Wenn es in Rumänien immer noch nicht so läuft, wie es soll, liegt das an zwei wesentlichen Ursachen: einerseits ist das die *weit verbreitete Korruption* mit ihren starken Wurzeln im kommunistischen Gemeineigentum, welches letztendlich doch niemandem gehörte, und die Angewohnheit, den Staat zu bestehlen, die im Kommunismus ein stabiler wirtschaftlicher Verhaltensreflex war; andererseits ist es die *fehlende kulturelle Anpassung*; zu viele Rumänen denken und verhalten sich *anders*.

Die Lösung ist einfach und gleichzeitig kompliziert: Die Rumänen sollten aufhören, „rumänisch" zu denken, wenn es nicht angebracht ist; sie sollten sich bemühen, wieder „europäisch" zu denken.

3.4 Ein sehr rumänisches Rumänien

Betrachten wir nun auch die jüngsten Zahlen, d.h. die Daten der Volkszählung vom Oktober 2011. (Leider sind auch diese wieder einmal so oberflächlich, dass es schon wie ein rumänisches Markenzeichen wirkt.)[36]

Die Bevölkerungszahl beträgt nun 20.121.641; die Ursachen für den Rückgang im Vergleich zu 22.408.000 im Jahr 1992 und 21.698.000 im Jahr 2002 sind die Auswanderung sowie eine negative Geburtenbilanz. Hinzuzufügen ist noch, dass die Informationen über die ethnische Zugehörigkeit nur für 18.884.800 Personen vorliegen, wodurch 1.136.000 Einwohner Rumäniens – ohne Angabe von Gründen – unberücksichtigt bleiben. Es bleibt wenigstens die Hoffnung, dass die Proportionen stimmen: 16.792.900 Personen erklärten sich für Rumänen, was einem Anteil von 88,9% entspricht. Ungarn sind 1.227.600 Personen, was im Vergleich zur Zahl von 1.432.000 im Jahr 2002 erneut einen Rückgang um etwa 200.000 darstellt (doch angesichts der fehlerhaften Basis erlaubt das keine genaue Bewertung); in Prozent bedeutet das den Rückgang um ein weiteres Zehntel auf nunmehr 6,5%. (Für die ungarische Bevölkerung hätte sich der Anteil noch unvorteilhafter darstellen können, wenn die Migration nicht zugleich auch die rumänische Bevölkerung beträfe. Für die Ungarn jedenfalls handelt es sich um einen historischen Tiefstand für die letzten tausend Jahre!) Die Zahl der Deutschen sank auf 36.000. Die Rumänen bilden die Mehrheit in 39 von 41 Kreisen, in 30 Kreisen übersteigt ihr Anteil die 90%-Marke. Erstaunlich ist auch, wie rumänisch Bukarest wurde, das einst als „Klein-Paris“ eine der kosmopolitischsten Haupt-

36 *http://www.recensamantromania.ro/wp-content/uploads/2013/07/REZULTATE-DEFINITIVE-RPL_2011.pdf*

städte Europas war: Die Quote der ethnischen Rumänen erreicht hier 97,3%. Ebenso rumänisch wurde die Stadt Iaşi, nachdem sie ihre Juden verlor, die einst rund die Hälfte der Einwohnerzahl ausmachten. Und Cluj, die alte ungarische Hauptstadt Transsilvaniens, die unter Ceauşescus rumänischem Drang symbolisch in Cluj-Napoca umbenannt wurde, weist nach den Daten von 2002 einen Anteil von nur noch 19% ungarischer Bevölkerung auf und wurde damit sogar noch rumänischer als Bukarest es vor einem Jahrhundert war. Die Dobrudscha, vor nicht allzu langer Zeit noch das erstaunlichste ethnische Mosaik Europas (ähnlich einzigartig wie das Donaudelta mit seiner biologischen Vielfalt), gilt nun als zu 90% rumänisch; ein kleiner Rest von Türken, Tataren und Lipowanern erinnert noch an die frühere Vielfalt.

Zwar machen die jüngsten Einwanderungen die Kulturlandschaft bunter (darunter Einwanderer aus dem Westen, aber auch Türken, Araber, Chinesen), doch hat das Phänomen bescheidene Ausmaße und wenig Bedeutung in den Statistiken und im Alltagsleben. Im Unterschied zum Westen ist Rumänien noch weit davon entfernt, für Expatriierte massenhaft zum Anziehungspunkt zu werden. Vielleicht wird Rumänien ja eines Tages ein erfolgreiches Land … Zurzeit sind es die Rumänen, die auswandern – ihre Zahl ist beunruhigend. Es handelt sich gewissermaßen um die Umkehrung der Verhältnisse wie sie vor einhundert oder einhundertfünfzig Jahren herrschten, als die Rumänen zu Hause blieben und Ausländer nach Rumänien drängten.

Den einzigen kleinen Raum, der nur wenig vom Phänomen der Rumänisierung betroffen ist, stellt das „Szeklerland" mit seinen zwei Kreisen dar, in denen die Ungarn (Szekler) die Mehrheit bilden: Harghita (mit 85,2%) und Covasna (mit 73,7%); Mureş, der dritte Kreis dieses „Gebietes", besitzt nur noch einen Anteil von 38,1% Ungarn. So bleiben im Grunde landesweit nur noch zwei repräsentative Minderheiten, die sich durch ihre Größe und die besondere Fähigkeit, dem Staat viele Sorgen zu bereiten, auszeichnen: Das sind die Ungarn auf der einen Seite und die Roma (bis vor kurzem noch Zigeuner genannt, ein umstrittener Begriff, da er eine abwertende Nuance enthalten soll) auf der anderen Seite. Die Zahl der gemeldeten Roma beträgt 621.600 (3,3% der Bevölkerung), im Anstieg begriffen gegenüber den vorherigen Volkszählungen, sicher aber niedriger als die tatsächliche Zahl, die nach Schätzungen bei anderthalb, wenn nicht sogar bei zwei Millionen oder darüber liegt. Eigentlich umfasst die Gruppe der Roma eine Vielfalt an Gemeinschaften und Identitäten. Einige von ihnen mögen besonders „exotische" Eigenschaften haben und das Gefühl vermitteln, jegliche Art von Assimilation abzulehnen; andere hingegen haben sich in der rumänischen oder sogar in der ungarischen Bevölkerung integriert oder sind dabei, dies zu tun. (Die Hälfte der ethnischen Roma haben Rumänisch und 5,3% Ungarisch als Muttersprache angegeben.)

Die Ungarn irritieren die Rumänen durch die Hartnäckigkeit, mit der sie ihre Gleichberechtigung einfordern, insbesondere bezüglich des Gebrauchs ihrer Sprache, und das vor allem in Transsilvanien, wo ihre Zahl sehr hoch ist. Das alles gipfelt in der Forderung nach Autonomie des „Szeklerlandes", eine Forderung, die als unzulässig gilt, weil sie weder mit der Verfassung noch mit der zentralistischen Einheitsphilosophie, auf der der rumänische Staat basiert, vereinbar ist. Diejenigen Roma aber, die über das ganze Land verstreut leben, sind nicht in der Lage, ähnliche Ansprüche zu stellen. In ihrem Fall liegt das Problem eher darin, dass sie in großer Zahl ausgewandert sind (was die Rumänen nicht stören würde, eher im Gegenteil), aber durch ihr „spezielles" Verhalten dort, wo sie hingelangen, angeblich dem Ansehen Rumäniens schaden würden. Und das umso mehr, als es im Westen oft zur Verwechslung zwischen Roma und Rumänen kommt. Für die Rumänen, die eine ethnische Interpretation der Nation haben (Man ist nur Rumäne, wenn man Rumäne ist!), ist es schwer zu verstehen, wie die Roma als Rumänen gelten können, da sie doch Roma und nicht Rumänen sind.

Die anderen Ethnien, die eher nur kleine, symbolische Anteile an der Gesamtbevölkerung ausmachen, geben keinerlei Anlass zur Beunruhigung. Die Beziehungen zu ihnen sind geradezu idyllisch geworden. Ihr Überleben verleiht Rumänien einen gewissen multikulturellen Anschein und fördert das Image eines Landes, das die ethnische Identität seiner Minderheiten achtet. Rumänien ist eines der wenigen Länder, in dem jede Minderheit, unabhängig von der Zahl ihrer Angehörigen, über einen Abgeordneten im Parlament verfügt. (Einige „Repräsentanten" vertreten nahezu fiktive Gemeinschaften, andere solche mit nur ein paar tausend Angehörigen, die längst in der rumänischen Bevölkerung aufgegangen sind.)

Rumänien hat die Wette mit sich selbst gewonnen, wenn nicht ein exklusiv rumänisches Rumänien, so doch zumindest sehr rumänisch zu werden (und dazu auch noch sehr orthodox: 86,5% Orthodoxe im Jahr 2011 im Vergleich zu 72,6% im Jahr 1930). Das Land ist im Moment viel homogener und fester zusammengefügt als es Großrumänien in der Zwischenkriegszeit war. Nicht nur, dass der Anteil der Rumänen gegenüber dem der Minderheiten stark zugenommen hat, auch haben sich die Unterschiede zwischen Rumänen und Rumänen – ebenso wie die zwischen den rumänischen Provinzen – deutlich verringert. Der Verfassungsbegriff des nationalen Einheitsstaates hat sich nahezu verwirklicht.[37]

37 Es soll nicht etwa der Eindruck entstehen, Rumänien wäre ein Meister der ethnischen Homogenisierung gewesen. Dieser Prozess fand – oft mit brutaleren Maßnahmen – in großen Teilen Mittel-, Ost- und Südosteuropas statt, nahezu auf der Hälfte des Kontinents also, die von einem starken Bevölkerungsgemisch

3.5 Werden sich die Ungarn Siebenbürgen schnappen?

Wenn die Dinge so stehen, ist kaum verständlich, wieso sich so viele Rumänen nach wie vor Sorgen um die Zukunft Transsilvaniens machen. Die kleinste Geste der Ungarn scheint vielen suspekt und womöglich gefährlich zu sein.

Die Wirklichkeit sieht anders aus. Die Ungarn haben die Schlacht um Transsilvanien verloren. Nichts von dem, was heute unternommen wird, stellt eine Offensive mit dem Ziel dar, Siebenbürgen zurückzuerobern. Vielmehr ist es ein Abwehrkampf zur Rettung dessen, was von der ungarischen Minderheit und ihrer Identität noch bewahrt werden kann.

Für die Ungarn sind die Zahlen nicht leicht zu ertragen. Die Rumänen haben die Partie ganz einfach dank ihres höheren Bevölkerungsanteils gewonnen (und nicht durch die Berufung auf ein „historisches Recht", das auf die Daker und Römer zurückgeht, denn das hätte ihnen ohnehin nichts genutzt, wenn sie in der Minderheit geblieben wären). Die Ungarn und im weiteren Sinne die Ungarisch sprechende Bevölkerung Transsilvaniens stellten 1918 über 30% der Einwohner; bei den Rumänen waren es etwas mehr als 50%. Gegenwärtig stellen sie 75% der Bevölkerung, während der Anteil der Ungarn unter 20% gesunken ist. Die Prognosen kündi-

gekennzeichnet ist. Einige Länder, die anfangs multiethnisch waren, wurden noch einheitlicher als Rumänien, das sich wohl oder übel noch etwas von seiner Multiethnizität bewahrt hat. Hierzu zählt Polen, das seine jüdische Minderheit im Zuge der Vernichtung durch die Nazibesatzung im Krieg verlor, außerdem die Ukrainer und die Weißrussen aus den durch die Sowjetunion annektierten Ostgebieten, wofür Polen als Ausgleich die deutschen östlichen Gebiete bekam, aus denen die Deutschen evakuiert wurden. Ähnliches geschah auch in Tschechien, dessen zahlenmäßig große Minderheit der Deutschen – die fast ein Drittel der Gesamtbevölkerung ausmachte – gegen Ende des Krieges ebenfalls vertrieben wurde.

gen eine weitere Abnahme der ungarischen Bevölkerung an; demnach würde es im Jahr 2032 nur noch eine Million Ungarn in Rumänien geben, was einem Anteil von 5,6% entspricht (im Vergleich zu jetzt 6,5%) (KISS 2009: 176).

Auf der anderen Seite bildeten die Ungarn Transsilvaniens – und das nicht nur bis 1918, sondern auch in der Zwischenkriegszeit – im Großen und Ganzen eine Minderheit, im städtischen Raum jedoch eine Mehrheit. Sie waren den Rumänen sozial und kulturell überlegen, wobei die Rumänen, landesweit in der Mehrheit, eher im ländlichen Raum lebten – ein Vorteil, den sie mit der Zeit aber verloren. Die Rumänen wurden in den Städten zu einer größeren Mehrheit als es die Ungarn einst gewesen waren, und sie holten auf, auch bezüglich der kulturellen Unterschiede.

Schließlich waren bis ins Jahr 1918, und auch noch in der Zwischenkriegszeit, die ungarische Sprache und Kultur nicht allein Sache der Ungarn. In Transsilvanien waren sie überall verbreitet. Heute hingegen werden Sprache und Kultur nur noch innerhalb der eigenen Ethnie gebraucht.

Lange Zeit schien deshalb nicht klar zu sein, ob das Spiel zum Vorteil der Rumänen ausgehen würde, da die Ungarn ihre demografische Unterlegenheit durch Gegenargumente historischer, sozialer und kultureller Art ausglichen. Mittlerweile ist nichts von alledem übriggeblieben, und ihre geringe Zahl ist nun offensichtlich.

Der einzige reale Streit, der gewissermaßen noch eine „territoriale“ Note hat, ist der um das „Szeklerland“: die zwei Kreise Harghita und Covasna, in denen die Ungarn noch eine konsistente Mehrheit bilden. Die Autonomie des „Szeklerlandes“ stößt auf die instinktive Ablehnung der Rumänen, die von einer Autonomie nichts hören wollen, jedenfalls nicht von einer ethnisch begründeten Autonomie, schon gar nicht in Transsilvanien! Auf der anderen

Seite bleibt die Frage, was den Ungarn eine solche Autonomie nützen würde, da im Szeklerland nur die Hälfte der ethnisch ungarischen Bevölkerung Rumäniens lebt und es auch noch eine der ärmsten Gegenden des Landes ist: Würde sie die Entwicklung befördern oder zu einer noch größeren Isolierung führen? Die Rumänen befürchten, dass sich das Territorium von Rumänien lösen und sich – wer weiß – letztendlich Ungarn anschließen würde (wenngleich die ungarische Grenze Hunderte von Kilometern entfernt liegt).

Eine mögliche Aggression Ungarns kann wohl nur in verwirrten Geistern auftauchen. Sowohl Rumänien als auch Ungarn sind Teile der Europäischen Union und Mitglieder der NATO; sie sind also zusammen und miteinander und nicht gegeneinander. Darüber hinaus ist Rumänien um ein Vielfaches größer als Ungarn (allein Transsilvanien ist größer als Ungarn!). Was also sollten die Ungarn mit den Rumänen anfangen, wenn sie sie, sagen wir mal, annektieren würden? Die Lösung der „ungarischen Frage“ liegt keinesfalls in einer Grenzrevision, sondern vielmehr in deren Abschaffung in einem vereinten Europa (in dem es vielleicht irgendwann kein Rumänien oder Ungarn mehr geben wird).

Zurzeit dient die „Transsilvanien-Psychose“ als perfektes Alibi, um die notwendige Verwaltungsreform, die Rumänien endlich dezentralisieren würde, auf den „Sankt-Nimmerleins-Tag“ zu verschieben. Bevor wir die Ungarn zur Regionalisierung ermutigen, machen wir lieber keine Reform!

3.6 Das rumänische Bessarabien oder die moldauische Republik Moldau?

Dass Rumänien den Kampf um Transsilvanien gewonnen hat, bedeutet keineswegs, dass es ähnlichen Erfolg auch in Bessarabien haben wird, das einen unabhängigen Staat bildet, sprich die Republik Moldau, allerdings nicht unbedingt in den Grenzen der alten Provinz.

Für die Rumänen aus Rumänien scheint theoretisch alles einfach und unstrittig zu sein. Die Rumänen in Bessarabien (die sich eher Moldauer nennen) sind Rumänen, weil sie eben Rumänen sind. Und, da sie Rumänen sind, ist es nur natürlich – aus historischer Sicht sogar berechtigt –, dass sie ihren Platz wieder innerhalb der rumänischen Grenzen finden.

Die Sache ist aber etwas komplizierter. Die Nation, selbst wenn sie sich in ihren Anfängen um eine Ethnie herauskristallisiert (wenn auch nicht in allen Fällen), kann nicht mit der Ethnie gleichgesetzt werden. Wenn man die Konzepte ein bisschen vereinfacht, lässt sich sagen, dass die Ethnie eine natürliche Gabe und die Nation ein politisch-ideologisches Konstrukt ist. Menschen müssen, auch wenn sie die gleiche Sprache – die wichtigste Grundlage einer Ethnie – sprechen, aus diversen historischen Gründen nicht der gleichen Nation angehören. Die Moldauer in der Republik Moldau können natürlich frei wählen, ob sie sich zu Rumänen erklären – im nationalen Sinne des Begriffs –, sie können sich aber genauso gut für eine andere nationale Identität, die der Moldauer, entscheiden. Es wäre nicht die erste derartige „Teilung" in der Geschichte. Österreich verließ zu einem gewissen Zeitpunkt die deutsche Gemeinschaft, und die Österreicher, ihrer Abstammung nach genauso deutsch wie alle anderen Deutschen, wurden mit der Zeit zu Österreichern (wobei die Unterschiede zwischen Österreich und

Deutschland noch geringer sind als zwischen Rumänien und der Republik Moldau, zumindest was die ethnische und kulturelle Mischung des Gebietes zwischen Pruth und Dnjester betrifft).

Aus rumänischer Perspektive gibt es, abgesehen vom unumstrittenen nationalen Argument noch das so oft angeführte historische Recht. Bis zum Jahr 1812 war Bessarabien (kaum der südliche Teil der Region, der seit Jahrhunderten zum Osmanischen Reich gehörte) Bestandteil des Fürstentums Moldau und größtenteils von Rumänen (Moldauern) bewohnt. Später, in der Zwischenkriegszeit, wurde es Großrumänien einverleibt. Dass der Moldau im Jahr 1812 Unrecht geschah und in Bessarabien eine unerbittliche Russifizierungspolitik folgte, ist unbestritten. Aber geschehen ist geschehen. Man kann die Geschichte nicht ändern, egal wie ungerecht oder unpassend sie für den einen oder anderen war. Genauso war es vielleicht auch nicht „richtig", dass die Römer Dakien erobert haben; infolgedessen aber entstand immerhin das rumänische Volk.

Das Problem mit Bessarabien ist, dass es im Laufe des 19. Jahrhunderts kaum am Prozess der Entstehung der rumänischen Nation beteiligt war, nicht beteiligt sein konnte. Im Vergleich zu den Rumänen in Transsilvanien, die trotz ihrer Zugehörigkeit zur habsburgischen Monarchie (ab 1867 direkt Ungarn zugehörig) ihre Beziehungen – insbesondere die kulturellen – mit den Rumänen in den Fürstentümern und nach 1859 mit Rumänien entwickelt haben, befanden sich die Bessarabier auf der anderen Seite einer dicht geschlossenen Grenze. Die Folgen zeigten sich 1918: So sehr sich Transsilvanien und die Bukowina vom Altreich unterschieden, Bessarabien war noch andersartiger. Nach kurzer Zeit stand die Region schon wieder unter russischer (sowjetischer) Verwaltung und innerhalb eines halben Jahrhunderts verstärkten sich die Eigenheiten und Unterschiede noch mehr.

Zurzeit bilden die Moldauer fast zwei Drittel der Bevölkerung, während die „Anderen" – Russen, Ukrainer und Gagausen – etwas mehr als ein Drittel ausmachen. Die hier stark verankerte russische Sprache und Kultur sind noch sehr präsent, insbesondere im städtischen Raum. Es ist letztendlich ein anderes Land als Rumänien. Der Wunsch nach Vereinigung ist in Rumänien stärker als in der Republik Moldau. Die russophone Minderheit ist natürlich dagegen. Ihre Ablehnung teilen auch viele ethnische Moldauer, die Rumänisch sprechen. Auch wenn es Enthusiasten einer Vereinigung gibt, lehnt eine bedeutende Minderheit so ein Projekt ab. Die nicht unbedingt guten Erinnerungen an die Zwischenkriegszeit spielen ebenfalls eine Rolle (wobei die sowjetische Propaganda für ihre Bekanntmachung und die Verstärkung ihrer Wirkung sorgte). Nach dem heutigen Stand der Dinge scheint die natürliche Annäherung zwischen den beiden Ländern nicht in Richtung einer Fusion zu verlaufen. Die Tendenz geht eher in Richtung einer eigenen moldauischen Nation. Mit der Ergänzung, dass die Zukunft offen ist und wie immer unvorhersehbar.

3.7 Das Phänomen Johannis

Rumänien, das in der Gegenwart so rumänisch ist, wählte dennoch gegen Ende des Jahres 2014 einen ethnisch deutschen Präsidenten, einen der letzten Deutschen, die im Land geblieben sind: Klaus Johannis, den (erfolgreichen) Bürgermeister von Sibiu. Ein überraschendes Ereignis, das viel über die Schwankungen und ganz allgemein über die Entwicklungen der rumänischen Gesellschaft sagt.

Es war in erster Linie ein – wenn auch harmloses –Votum gegen das System. Johannis kam, wenngleich von außerhalb, so doch zumindest vom Rande des Systems (nach einem Bildungsweg in der deutschen ethnischen Minderheit und als Bürgermeister einer Provinzstadt, einem rasanten Aufstieg in der Nationalliberalen Partei, die ihn auch ins Präsidentenamt brachte). Er hatte nicht einmal ein besonders ausgefeiltes oder „alternatives" politisches Programm, um mit besonderen Projekten überzeugen zu können. Er überzeugte dadurch, „anders" zu sein. In einem Land, in dem viel geredet wird, spricht er nicht nur wenig, sondern weniger als wenig, fast gar nicht. In einem Land, in dem es scheinbar keine Uhren gibt, hält er sich mit übertriebener Gewissenhaftigkeit an die genaue Uhrzeit. Kurzum: Er ist ein Westler – und die Tatsache, dass er es zum Präsidenten gebracht hat, ist vielleicht ein Zeichen dafür, wie sich das Gewicht vom rein rumänischen hin zum europäischen Modell verlagert.

Von Neuem zeigte sich (wie es oft vor Wahlen passiert, nur dieses Mal war es sehr deutlich und erinnert an die stark ideologisierten Wahlkämpfe von 1992 und 1996) die klar gezogene Grenze, die der Karpatenlinie folgt und Siebenbürgen vom Rest des Landes trennt, jene Grenze, die bis 1918 Österreich-Ungarn von Rumänien trennte – die Grenze zwischen der balkanischen und der mitteleuropäischen Hälfte Rumäniens. Im ersten Wahlgang erreichte der amtierende sozialdemokratische Premierminister Victor Ponta einen erheblichen Vorsprung und war überall im „Altreich" erfolgreich, während Johannis fast überall in Transsilvanien an der Spitze lag. Trotz aller Homogenisierung existieren die historischen Provinzen immer noch. Im zweiten Wahlgang sorgte wiederum Transsilvanien für den Wahlsieg des Deutschen, hinzu kamen aber noch andere, etwas westlichere Landesteile jenseits der Berge, in erster Linie Bukarest.

Die Wahl eines Deutschen stellte die Rumänen vor eine schwierige Herausforderung. Kann ein Nicht-Rumäne der Erste unter den Rumänen werden? Natürlich gehört auf der Grundlage eines politischen Nationsbegriffs der ethnische Deutsche vollkommen zur rumänischen Nation. Doch der durchschnittliche Rumäne versteht die Nation als eine ethnische. Wenn er Deutscher ist, ist er kein Rumäne, basta! Und dann ist er auch noch Lutheraner und nicht orthodox. Und dabei weiß man doch, dass der wahre Rumäne orthodox ist. (Die griechisch-katholischen Rumänen mussten für die Fehlinterpretation jener Selbstverständlichkeit einen hohen Preis zahlen.) Unter diesem Aspekt war die Wahlkampagne Victor Pontas und der Sozialdemokratischen Partei von besorgniserregender Primitivität. Man versuchte ihn (Johannis) zu erniedrigen, denn er sei weder Rumäne noch orthodox. Victor Ponta bezeichnete sich selbst ausdrücklich als orthodox gegenüber einem Kandidaten, den er als „Neoprotestanten" abstempelte (aus Unkenntnis oder wohl wissend, dass die Neoprotestanten aus orthodoxer Perspektive noch weniger vertrauenerweckend sind als die „klassischen" Protestanten wie die Lutheraner). Es ist schwer zu sagen, was eigentlich authentisch sozialdemokratisch ist in der Sozialdemokratischen Partei Rumäniens; mit Sicherheit nicht der nationalistische und orthodoxe Diskurs. (Sie ist allerdings nicht die einzige rumänische Partei, deren Etikett wenig mit ihrem Inhalt zu tun hat.) Es gab auch Stimmen anderer Politiker, die erklärten, sie würden keinen „Nicht-Rumänen" wählen. Und manche Priester rieten ihren Gläubigen sogar in den Predigten, „orthodox" zu wählen. Eines ist allerdings auch wahr: Die Kampagne der Verunglimpfung erreichte ihr Ziel nicht; sie erwies sich sogar als kontraproduktiv. Sie hat aber fast die Hälfte der Wahlberechtigten überzeugt oder zumindest nicht gestört, worin sich die prekäre kulturelle Lage widerspiegelt. Der größere Teil der Bevölkerung – darunter viele der im Ausland lebenden jungen Menschen, die städtische Bevölkerung, Personen mit mittlerer und höherer Ausbildung – zeigte sich jedoch frei von nationalistisch-orthodoxen Vorurteilen. Ein Anzeichen dafür, dass sich Rumänien allmählich aus der kulturellen und mentalen Isolierung, die es vom Kommunismus geerbt hat, zu lösen beginnt.

Natürlich gehört Johannis nicht irgendeiner Minderheit an. Er ist ein Deutscher. Die Rumänen hätten mit Sicherheit keinen Ungarn gewählt. Ein Muslim oder ein Jude hätte ebenso wenige Chancen gehabt. In der rumänischen Vorstellung gelten die Deutschen als vertrauenswürdiger und verdienen mehr Anerkennung als andere Ethnien. Sie sind nicht unbedingt beliebt, genießen aber allgemein Respekt. Auch die Erfahrung mit Carol I. trägt dazu bei. Und dann ist da das heutige Deutschland, das zweifellos die Führungsposition in Europa einnimmt. Prestige beeindruckt immer, und besonders die Rumänen, die selbst – auch wenn sie inzwischen ein bisschen gewachsen sind – weiterhin unter dem Komplex leiden, ein kleines Land zu sein. In einer kürzlich durchgeführten Umfrage (Februar 2015) meint die große Mehrheit der Rumänen (87,3%), für Deutschland größte Wertschätzung zu haben; Frankreich, die alte Liebe der Rumänen – oder zumindest eines Teils der rumänischen Elite, die fast verschwunden ist –, sinkt mit 80,3% auf den sechsten Platz; auf dem letzten steht Russland mit 25,4%, auf dem vorletzten Ungarn mit 38,1%.[38]

Kann man also von einer grundlegenden Veränderung in Rumänien ausgehen? Ist die Wahl von Klaus Johannis ein Zeichen dafür? Sicher nicht, wenn man in ihm naiver Weise einen Erlöser sieht, sondern dann, wenn man die Wahl, die sich so deutlich von bisherigen politischen Einstellungen unterscheidet, als einen Indikator für Veränderungen sieht, die die rumänische Gesellschaft womöglich erlebt hat. Die neuen Generationen, die nach der Wende herangewachsen sind, und die Millionen Rumänen, die inzwi-

38 „Barometrul INSCOP – ADEVĂRUL despre România", *Adevărul* vom 16. Februar 2015.

schen etwas von der Welt gesehen haben und im Stande sind, zu vergleichen und zu urteilen – sie stellen vielleicht die kritische Masse dar, die aus Rumänien eine ordentlichere, korrektere und effektivere Gesellschaft machen kann. Das ist keine Gewissheit. Aber eine Hoffnung.

Literaturverzeichnis

Anale economice, 1861, 25–33: „Chestiunea colonizării şi a coloniilor în ambele Principate".

A Magyar Szent Korona Orszagainak 1910 evi Nepszamlalasa (recensământul maghiar din 1910), Bd. 1, Budapesta, 1912.

ACHIM, Viorel (1998): *Ţiganii în istoria României*. Bucuresti: Editura Enciclopedică.

ANDREESCU, Andreea; NASTASĂ, Lucian & VARGA, Andrea (ed.) (2003): *Minorităţi etnoculturale. Mărturii documentare. Maghiarii din România*, vol. 2, 1956–1968. Cluj-Napoca: Centrul de Resurse pentru Diversitate Etnoculturală.

Anuarul statistic al oraşului Bucureşti pe anii 1898 şi 1899. Bucureşti: Institutul de Arte Grafice Carol Gobl, 1901.

ATTILA, Gido (2011): "School, Market and the Educational Institutions". In: *Transylvania, Partium and Banat between 1919 and 1948*. Cluj-Napoca: Institutul pentru Studierea Problemelor Minorităţilor Naţionale.

BOLOVAN, Sorina Paula & BOLOVAN, Ioan (2000): *Germanii din România. Perspective istorice şi demografice*. Cluj-Napoca: Fundaţia Culturală Română.

BOTTONI, Stefano (2009): „Înfiinţarea Regiunii Autonome Maghiare în anul 1952". In: AGOSTON, Olti & ATTILA, Gido: *Minoritatea maghiară în perioada comunistă*. Cluj-Napoca: Kriterion, 259–289.

BRĂTESCU, Constantin (1938): „Populaţia Cadrilaterului între anii 1878 şi 1938", *Analele Dobrogei*, 2/1938, 201.

BUCUŢA, Emanoil: „Statistica publicaţiilor periodice din Transilvania", *Transilvania*, cf. nr. 77, 1291–1304.

CAJAL, Nicolae & KULLER, Hary (ed.) (^{2}2004): *Contribuţia evreilor din România la cultură şi civilizaţie*. Bucureşti: Editura Hasefer.

CIOBANU, Ştefan (1941): *Basarabia. Populaţia, istoria, cultura*. Bucureşti: Ed. Clio (Neuausgabe Chişinău: Ştiinţa 1998).

CIUCĂ, Marcel-Dumitru (ed.) (2001): *Stenogramele Şedinţelor Consiliului de Miniştri. Guvernarea Ion Antonescu*, vol. V. Bucureşti: Arhivele Naţionale ale României.

CIUCĂ, Marcel-Dumitru (ed.) (2002): *Stenogramele Şedinţelor Consiliului de Miniştri. Guvernarea Ion Antonescu*, vol. VI. Bucureşti: Arhivele Naţionale ale României.

COLESCU, Leonida (1905): *Recensământul general al populațiunei României (decembrie 1899).* București: Institutul de Arte Grafice Eminescu.
COLESCU, Leonida (1915): *La population de religion mosaïque en Roumanie. Étude statistique.* București: Imprimeries „Independența".
DABIJA, Gheorghe A. ([2]1913): *Cadrilaterul bulgar.* București: Atelierele grafice Socec & Co.
DRAGOȘ, Titus (ed.) (1943): *Românizarea. Înfăptuiri 6 decembrie 1941-6 decembrie 1942.* București: Curierul judiciar [1942].
Dragoș, Titus (1943): „Cuvânt premergător", *Românizarea, Înfăptuiri 6 decembrie 1941-6 decembrie 1942.* București: Curierul judiciar [1942], 3.
ELIADE, Mircea (1937): „Piloții orbi", *Vremea* Nr. 505 vom 19. September 1937, 3.
Enciclopedia română, 1900, vol. 2. Sibiu: ASTRA.
Enciclopedia României, 1938, vol. 4. Sibiu: ASTRA.
GHERASIM, Dimitrie (1943): „Schimbul de populații între state", in: GHERASIM, Dimitrie: *Analele Academiei Române. Memoriile Secțiunii Istorice,* Seria III, Tomul 25, mem. 4. București: Imprimeria Națională.
GOLOPENȚIA, Anton & GEORGESCU, D. C. (1948): „Populația Republicii Populare Române la 25 ianuarie 1948", Auszug aus *Probleme economice,* Nr. 2, März 1948.
HARET, Spiru C. (1907): *Școala naționalistă,* Auszug aus *Revista Generală a Învățământului,* Jahr II, Nr. 6, București, 1907.
HARET, Spiru C. (1934): *Operele lui Spiru C. Haret,* vol. 5, *Parlamentare, 1901-1904.* București: Cartea românească.
HENCZ, Hilda ([2]2013): *Bucureștiul maghiar.* București: Pro Universitaria.
IOANID, Radu (1998): *Evreii sub regimul Antonescu.* București: Editura Hasefer.
ISLAMOV, Tofik M. & POKIVAILOVA, Tatiana A. (ed.) (2014): *Problema transilvană. Disputa teritorială româno-maghiară și URSS, 1940–1946. Documente din arhivele rusești,* Redakt. Onufrie VINȚELER & Diana TETEAN. Cluj-Napoca: Eikon.
Istoria românilor, vol. VIII. Hg. von Ioan SCURTU. Bucuresti: Editura Enciclopedică, 2003.
KISS, Tamas (2009): *Perspectivă administrativă? O analiză comparativă a discursului demografic maghiar din România,* Editura Institutului pentru Studierea Problemelor Minorităților Naționale. Cluj-Napoca: Kriterion.

KRÄUTER, Francisc (1929): „Germanii din Banat“, in: *Transilvania, Banatul, Crişana, Maramureşul, 1918–1928*, vol. 1. Bucureşti: Cultura Naţională, 639–648.
LIVEZEANU, Irina (1998): Cultură şi naţionalism in Romania Mare, 1918–1930. Bucuresti: Humanitas.
MANUILĂ, Sabin (1938): *Aspects demographiques de la Transylvanie*. Bucureşti: Ed. Institutului Central de Statistică.
MANUILĂ, Sabin (1939): *La population de la Dobroudja*. Bucureşti: Ed. Institutului Central de Statistică.
MARŢIAN, Dionisie Pop (1860): *Coloniştii germani şi România*. Bucureşti: Tip. Statului, numită Nifon (2. Auflage, 1871).
MUCENIC, Cezara (1997): *Bucureşti. Un veac de arhitectură civilă. Secolul al XIX-lea*. Bucureşti: Silex.
NEGURĂ, Petru (2014): Nici eroi, nici trădători. Scriitorii moldoveni şi puterea sovietică în epoca stalinistă. Chişinău: Cartier.
NETZHAMMER, Raymund (1995): *Bischof in Rumänien. Im Spannungsfeld zwischen Staat und Vatikan*, Bd. 1. München: Südostdeutsches Kulturwerk. Rumän. (2005): *Episcop în România* [in der Übersetzung von George GUŢU], hg. von Nikolaus NETZHAMMER unter Mitwirkung von Krista ZACH, Bucuresti: Editura Academiei Române.
NETZHAMMER, Raymund (1996): *Bischof in Rumänien. Im Spannungsfeld zwischen Staat und Vatikan*, Bd. 2. München: Südostdeutsches Kulturwerk. Rumän. (2005): *Episcop în România* [in der Übersetzung von George GUŢU], hg. von Nikolaus NETZHAMMER unter Mitwirkung von Krista ZACH, Bucuresti: Editura Academiei Române.
NISTOR, Ion (^{3}1923): *Istoria Basarabiei*. Cernăuţi: Institutul de Arte grafice şi Editură „Glasul Bucovinei“.
Pop, Ioan-Aurel; Nagler, Thomas & Magyari, Andras (coord.) (2010): *The History of Transylvania*, vol. III (1711 to 1918). Cluj Napoca: Romanian Academy/Center for Transylvanian Studies.
RĂDULESCU, Mihai Sorin (2002): „Genealogia familiei arhitectului Ion Mincu“. In: RĂDULESCU, Mihai Sorin: *Memorie şi strămoşi*. Bucureşti: Editura Albatros.
RĂDULESCU, Mihai Sorin (2005): „Contribuţii la genealogia şi biografia arhitectului Ion Mincu“, in: Rădulescu, Mihai Sorin: *Cu gândul la lumea de altădată*. Bucureşti: Editura Albatros, 11–32.
SCĂRLĂTESCU, I. (1921): *Statistica demografică a Românie*, Extras din „Buletinul Statistic al României“, nr. 6–7, 1921.

SCHMIDT, Ute (2014): Basarabia. Coloniştii germani de la Marea Neagră. Chişinău: Cartier.

STURDZA, Dimitrie A. (1878): *Basarabia şi Dobrogea* (Rede im Senat vom 28. September 1878). Bucureşti: Tipografia Thiel & Weiss.

THEODORESCU, Barbu (1947): *Contribuţiuni la cunoaşterea strămoşilor lui Nicolae Iorga*. Bucureşti: Impr. Vremea.

TRĂUŞAN-MATU, Lidia (2011): *De la leac la reţetă. Medicalizarea societăţii româneşti în veacul al XIX-lea (1831–1869)*. Bucureşti: Editura Universităţii.

UNGUREANU, Constantin (2003): *Bucovina în perioada stăpânirii austriece. Aspecte etnodemografice şi confesionale, 1774–1918*. Chişinău: Editura Civitas.

FORUM: RUMÄNIEN

Bd. 1 Larisa Schippel: Kultureller Wandel als Ansinnen. Die diskursive Verhandlung von Geschichte im Fernsehen. 476 Seiten. ISBN 978-3-86596-249-2

Bd. 2 Thede Kahl (Hg.): Das Rumänische und seine Nachbarn. 326 Seiten. ISBN 978-3-86596-195-2

Bd. 3 Daniel Barbu: Die abwesende Republik. Aus dem Rumänischen übersetzt von Larisa Schippel. 364 Seiten. ISBN 978-3-86596-208-9

Bd. 4 Maren Huberty / Michèle Mattusch (Hg.): Rumänien und Europa. Transversale. 446 Seiten. ISBN 978-3-86596-270-6

Bd. 5 Renate Windisch-Middendorf: Der Mann ohne Vaterland. Hans Bergel – Leben und Werk. 168 Seiten. ISBN 978-3-86596-275-1

Bd. 6 Andrei Oişteanu: Konstruktionen des Judenbildes. Rumänische und ostmitteleuropäische Stereotypen des Antisemitismus. Aus dem Rumänischen übersetzt von Larisa Schippel. 682 Seiten. ISBN 978-3-86596-273-7

Bd. 7 Michael Metzeltin / Thomas Wallmann: Wege zur Europäischen Identität. Individuelle, nationalstaatliche und supranationale Identitätskonstrukte. 288 Seiten. ISBN 978-3-86596-297-3

Bd. 8 Alina Mazilu / Medana Weident / Irina Wolf (Hg.): Das rumänische Theater nach 1989. Seine Beziehungen zum deutschsprachigen Raum. 444 Seiten. ISBN 978-3-86596-290-4

Bd. 9 Angelika Herta / Martin Jung (Hg.): Vom Rand ins Zentrum. Die deutsche Minderheit in Bukarest. 266 Seiten. ISBN 978-3-86596-334-5

Bd. 10 Thede Kahl / Larisa Schippel (Hg.): Kilometer Null. Politische Transformation und gesellschaftliche Entwicklungen in Rumänien seit 1989. 490 Seiten. ISBN 978-3-86596-344-4

Bd. 11 Constanţa Vintilă-Ghiţulescu: Liebesglut. Liebe und Sexualität in der rumänischen Gesellschaft 1750–1830. Aus dem Rumänischen übersetzt von Larisa Schippel. 204 Seiten. ISBN 978-3-86596-298-0

Bd. 12 Thede Kahl / Larisa Schippel (Hg.): Leben in der Wirtschaftskrise – Ein Dauerzustand? 236 Seiten. ISBN 978-3-86596-395-6

Bd. 13 Mirela-Luminiţa Murgescu: Vom „guten Christen" zum „tapferen Rumänen". Die Rolle der Primarschule bei der Herausbildung des rumänischen Nationalbewusstseins 1831–1878. Aus dem Rumänischen übersetzt von Julia Richter und Larisa Schippel. 322 Seiten. ISBN 978-3-86596-405-2

FORUM: RUMÄNIEN

Bd. 14 Elisabeth Berger: Rezeption österreichischer Literatur in Rumänien 1945–1989. 232 Seiten. ISBN 978-3-86596-506-6

Bd. 15 Maren Huberty/Michèle Mattusch/Valeriu Stancu (Hg.): Rumänien – Medialität und Inszenierung. 284 Seiten. ISBN 978-3-86596-473-1

Bd. 16 Katharina Kilzer/Helmut Müller-Enbergs (Hg.): Geist hinter Gittern. Die rumänische Gedenkstätte *Memorial Sighet*. 216 Seiten. ISBN 978-3-86596-546-2

Bd. 17 Constanţa Vintilă-Ghiţulescu: Im Schalwar und mit Baschlik. Kirche, Sexualität, Ehe und Scheidung in der Walachei im 18. Jahrhundert. Aus dem Rumänischen übersetzt von Larisa Schippel. 362 Seiten. 978-3-86596-437-3

Bd. 18 Andrei Oişteanu: Rauschgift in der rumänischen Kultur: Geschichte, Religion und Literatur. Aus dem Rumänischen übersetzt von Julia Richter. 500 Seiten. ISBN 978-3-7329-0029-9

Bd. 19 Adrian Majuru: Stadt der Verlockungen. Das vormoderne Bukarest zwischen Orient und Europa. Aus dem Rumänischen übersetzt von Ioana Nechiti und Clemens Wigger 226 Seiten. ISBN 978-3-7329-0018-3

Bd. 20 Gerhard Köpernik: Faschisten im KZ. Rumäniens Eiserne Garde und das Dritte Reich. 290 Seiten. ISBN 978-3-7329-0089-3

Bd. 21 Lucian Boia: Fallstricke der Geschichte. Die rumänische Elite von 1930 bis 1950. Aus dem Rumänischen übersetzt von Larisa Schippel. 346 Seiten. ISBN 978-3-7329-0048-0

Bd. 22 Lucian Boia: Die Germanophilen. Die rumänische Elite zu Beginn des Ersten Weltkrieges. Aus dem Rumänischen übersetzt von Andrea Apostu u.a. 368 Seiten. ISBN 978-3-7329-0115-9

Bd. 23 Roman Hutter: Revolution und Legitimation. Die politische Instrumentalisierung des Umbruchs 1989 durch die Postkommunisten in Rumänien. 150 Seiten. ISBN 978-3-7329-0052-7

Bd. 24 Thede Kahl/Peter Mario Kreuter/Christina Vogel (Hg.): Culinaria balcanica. 380 Seiten. ISBN 978-3-7329-0138-8

Bd. 25 Victor Neumann: Die Interkulturalität des Banats. 164 Seiten. ISBN 978-3-7329-0116-6

Bd. 26 Maria Irod: Dieter Schlesak zwischen Moderne und Postmoderne. 278 Seiten. ISBN 978-3-7329-0143-2

Bd. 27 Lucian Blaga: Die transzendente Zensur. Aus dem Rumänischen übersetzt von Rainer Schubert. 228 Seiten. ISBN 978-3-7329-0161-6

FORUM: RUMÄNIEN

Bd. 28 Pascal Bentoiu: George Enescu: Meisterwerke. Aus dem Rumänischen übersetzt von Larisa Schippel und Julia Richter. Unter Mitarbeit von Raluca Știrbăț. 790 Seiten. ISBN 978-3-7329-0166-1

Bd. 29 Lucian Boia: Wie Rumänien rumänisch wurde. Aus dem Rumänischen übersetzt von Andreea Pascaru. 116 Seiten. ISBN 978-3-7329-0217-0

Bd. 30 Michael Metzeltin: Das Rumänische im romanischen Kontrast. Eine sprachtypologische Betrachtung. 182 Seiten. ISBN 978-3-7329-0239-2

Bd. 31 Lucian Blaga: Über das philosophische Bewusstsein. Aus dem Rumänischen übersetzt von Rainer Schubert. 270 Seiten. ISBN 978-3-7329-0261-3

Bd. 32 Martin Jung: In Freiheit. Die Auseinandersetzung mit Zeitgeschichte in Rumänien (1989 bis 2009). 516 Seiten. ISBN 978-3-7329-0258-3

Bd. 33 Thede Kahl (Hg.): Von Hora, Doina und Lautaren. Einblicke in die rumänische Musik und Musikwissenschaft. 628 Seiten mit CD. ISBN 978-3-7329-0310-8

Bd. 34 Iulia Dondorici: Den Körper schreiben – Poetiken des Körpers in der Prosa der rumänischen Moderne. 208 Seiten. ISBN 978-3-7329-0289-7

Bd. 35 Thede Kahl/Peter Mario Kreuter/Christina Vogel (Hg.): „Vergessen, verdrängt, verschwunden". Aufgegebene Kulturen, Beziehungen und Orientierungen in der Balkanromania. 366 Seiten. ISBN 978-3-7329-0255-2

Bd. 36 Thede Kahl: Natur und Mensch im Donaudelta. 244 Seiten. ISBN 978-3-7329-0438-9

Bd. 37 Michèle Mattusch (Hg.): Kulturelles Gedächtnis – Ästhetisches Erinnern. Literatur, Film und Kunst in Rumänien. 606 Seiten. ISBN 978-3-7329-0418-1

Bd. 38 Carola Heinrich/Thede Kahl (Hg.): Litterae – magistra vitae. Heinrich Stiehler zum 70. Geburtstag. 514 Seiten. ISBN 978-3-7329-0464-8

Bd. 39 Heinrich Stiehler (Hg.): Panaït Istrati: Politische Spätschriften 1934/1935. 156 Seiten. ISBN 978-3-7329-0557-7

Bd. 40 Annemarie Sorescu-Marinković/Thede Kahl/Biljana Sikimić (eds.): Boyash Studies: Researching "Our People". 466 Seiten. ISBN 978-3-7329-0694-9

Bd. 41 Antonina Roitburd: Rumänische Literatur im deutschsprachigen Raum seit 1990. 134 Seiten. ISBN 978-3-7329-0659-8

Bd. 42 Mariana Hausleitner: Selbstbehauptung gegen staatliche Zwangsmaßnahmen. Juden und Deutsche in Rumänien seit 1830. 342 Seiten. ISBN 978-3-7329-0714-4

FORUM: RUMÄNIEN

Bd. 43 Alexandru Simon: In the World of Vlad. The Lives and Times of a Warlord.
330 Seiten. ISBN 978-3-7329-0799-1

Bd. 44 Mirel Bănică: Glück, Gott und Gaben. Kultur und Religion der Roma.
Aus dem Rumänischen übersetzt von Larisa Schippel.
474 Seiten. ISBN 978-3-7329-0678-9

Bd. 45 Valeska Bopp-Filimonov/Martin Jung (Hg.): Kaleidoskop Rumänien.
Einblicke in die aktuelle Vielfalt des interdisziplinären Faches Rumänistik.
236 Seiten. ISBN 978-3-7329-0763-2

Frank & Timme